다가올

역사,

서양 문명의

몰락

300년 후 미래에서 위기에 처한
현대 문명을 바라보다

다가올 역사,
서양 문명의 몰락

나오미 오레스케스, 에릭 M. 콘웨이 지음

홍한별 옮김 | 강양구 해제

갈라파고스

기후변화 위기가 임박했음을 경고하는 과학자들의 말에 귀 기울이지 않으면 우리가 실제로 마주하게 될 디스토피아적 미래를 보여준다.

마이클 E. 만, 펜스테이트 지구과학 센터 소장

오레스케스와 콘웨이가 쓴 충격적이고도 사실적인 다음 세기 역사는 다가오는 재앙을 경고하기 위해 예언의 형태를 택한 조지 오웰, 올더스 헉슬리 같은 작가들의 명맥을 잇는다. 구석구석 재치가 넘치고 너무 그럴듯해 불편한 이 책은 이제 시작된 '장기 비상시대'를 보여주어 쉽게 잊히지 않는 잔상을 남긴다.

킴 스탠리 로빈슨, 『쌀과 소금의 시대』 저자

우리 역사가 어떻게 될 수 있을지를 제시한 냉혹한 시각이다. 무시하면 더욱 현실에 가까워질 것이다. 이 책을 읽고 경고를 받아들이면 암울한 예언을 벗어날 수 있을지 모른다.

티모시 워스, 유엔 재단 부회장, 전 미국 상원 · 하원의원 기후변화가 환경보호론자들에게 악몽 같은 것은 사실이다. 그렇지만 지구온난화는 자유시장주의자들에게도 위협이 된다. 지구온난화가 주춤하지 않으면 정부의 강한 개입이 불가피하기 때문이다. 이 짧지만 탁월한 우화의 미덕이 바로 여기에 있다. 이 책은 우리의 미래에 대해 당파를 초월한 공감을 자아낸다. 어쩌면 여기에서부터 오늘날 행동에 나설 의지를 끌어낼 수 있을지 모르겠다.

오든 셴들러, 애스펀 스키 회사 지속가능성 부회장

도전적이며 암울하면서 매력적인 책이다. 멀리 내다보고 이끌어 간다면 피할 수 있는 미래를 엿보게 해준다. 워싱턴에서 일하거나 일하고 싶은 사람은 반드시 읽어야 한다.

엘리자베스 콜버트, 『여섯 번째 대멸종』, 『지구 재앙 보고서』의 저자

이 작지만 소중한 책에서 묘사된 시나리오는 섬뜩하지만 가능성이 있다. 이 일이 일어나지 않도록 독자들이 행동을 취한다면 좋을 것이다.

빌 매키번, 350.org 설립자

탄탄한 과학, 날카로운 숙고, 신랄한 유머가 가득하다.

《네이처》

생각을 자극하는 과학-역사 판타지. 이게 판타지가 아니라 선견지명이
라면?　《사이언티픽 아메리칸》

반드시 읽어야 할 책. 오늘날의 SF가 언젠가는 살아 있는 무수한 실제
사람들의 역사가 될 것이다. 오늘날 우리의 비도덕적 선택 때문에 수
십억 인구가 고통 받으리라는 것을 창의적으로 이야기할 방법을 찾은
오레스케스와 콘웨이에게 경의를.　《기후 진전 블로그》

짧은 책이지만 우리가 어떻게 환경을 저버렸는지 자세하게 검토하고
남은 것을 구하기 위해 행동을 취하라고 촉구한다.　《디스커버》

오늘날 기후변화를 부인하고 정부의 불간섭주의를 지지하는 이들에
대한 창의적 공격으로, 기후변화 정치 분야 필독서. 우리 손자손녀
들이 마주할 세상을 상상할 기회를 주므로 모든 사람들이 이 책을 읽
어야 한다.　《하레츠》

오레스케스와 콘웨이는 역사가들이 대안 역사를 통해 대안적 미래를 상상할 수 있는 여지를 마련해주었다.　　　　　《퍼블릭 북스》

흥미진진하며 매우 불편한 이야기다. 탄탄한 학문을 토대로 하면서도 대담한 진술을 두려워하지 않는다. 기후변화 관련 글들의 불협화음 속에서 명쾌함을 제공한다.

'환경에 관한 모든 것All Things Environmental'

탁월하다. 기후 위기 속에서 우리가 향해가는 미래의 파국을 효과적이면서도 잘 읽히게 전달한다.

'기후, 사람, 조직Climate, People & Organizations'

오레스케스와 콘웨이는 기후변화의 심각성을 제대로 정당하게 다루었다. 여러 장점이 있지만 이게 가장 중요하다고 생각한다. 냉정한 문체를 구사하면서도 행동을 촉구한다.　　　　　《핫 토픽》

오레스케스와 콘웨이의 책에는 강력하고 깊이 있는 분석이 담겨 있다.

《허핑턴 포스트》

사회에서 선택은 요란하고 격한 투쟁으로 나타날 때도 있지만

순간 순간의 작은 결정이 조금씩 쌓여서 이루어지기도 한다.

— 루이스 멈포드, 『기술과 문명Technics and Civilization』(1934)

※ 이 책은 미국 예술 과학 아카데미 학회지인 《데덜러스Daedalus》(2013년 겨울호)에 실린 글을 수정 · 확장한 것이다. '미래사회에서 본 옛날 용어 사전'과 '저자 인터뷰'는 여기에 처음 실렸다.

가상의 역사로 현대 문명을 돌아보다

SF 작가들은 상상의 미래 세계를 만들어낸다. 역사가들은 과거를 재구성한다. 궁극적으로는 2가지 모두 현재를 이해하고자 하는 일이다. 이 책에서는 두 장르를 혼합하여 미래의 역사가들이 과거, 곧 우리의 현재와 가까운 미래를 돌아보는 시각을 상상해본다. 이 책은 서양 문명(1540~2093)이 몰락한 지 300년이 된 시점에, 계몽의 후손이라 불리던 이들이 대체 왜, 어떻게 해서 기후변화에 대한 확실한 정보와 앞으로 펼쳐질 재앙에 대한 지식을 갖고도 대응하지 못했는지를 파고든다. 이 책의 화자 격인 우리 역사가는 서구 문명이 중세에 이어 제2의 암흑기를 맞

이했다는 결론을 내린다. '자유' 시장경제라는 이데올로기에 갇힌 나머지 상황을 부인하고 자기기만에 빠져, 재앙을 눈앞에 두고도 아무런 행동도 취하지 못했던 것이다. 기후변화 문제를 가장 잘 알았던 과학자들조차, 눈앞에 닥친 위험에 관련된 주장이라 할지라도 매우 엄격한 기준에 따라 검증되어야만 받아들인다는 문화적 관습에 발목이 잡혀버렸다. 이 책은 제2중화인민공화국에 사는 미래 역사가가 반암흑기半暗黑期(1988~2093)와 그에 이어지는 대붕괴와 대이동(2073~2093) 기간의 일을 들려주는 형식으로 쓴 가상역사책이다.

감사의 글

우선 처음에 이 작업을 맡겨준 로버트 프리, 스티븐 앤솔라베히어, 미국 예술 과학 아카데미 직원들에게 감사합니다. 처음에 쓴 글은 웨스턴오스트레일리아대학교 고등학술연구협회에서 작업했습니다. 패트릭 피츠제럴드, 로이 토머스, 밀렌다 리, 이 글을 책으로 만들어준 컬럼비아대학교 출판부에 감사합니다.

또 우리의 에이전트 아이샤 판데에게 감사합니다. 그가 없었더라면 책을 써도 독자들을 만나지 못했을 것입니다. 영감을 준 킴 스탠리 로빈슨, 그리고 시드니 작가 축제에서 이런 질문을 던졌던 청중에게 감사합니다. "다음에는 소설을 쓰실 건가요?"

차례

1
반암흑기의 도래, 몰락의 서막

흐로닝언 ○

암스테르담 ☆

네 덜 란 드

헤이그 ○

○ 로테르담

독 일

○ 앤트워프

쾰른 ○

☆ 브뤼셀

N

20 mi

0   20 km

벨 기 에

2300년 해수면
2000년 해수면

네덜란드라고 불리던 나라

이 나라는 유럽의 '저지대'라고 불렸다. 이 나라 영토의 상당 부분은 16세기에서 20세기 사이에 사람들이 바다를 메워 만든 땅이다. 네덜란드는 대붕괴 때 수면이 급작스레 상승하는 바람에 물에 잠기고 말았다. 그때 살아남은 사람들의 후손은 대부분 노르도-스칸디나비아 연합에 거주한다. 물에 잠긴 도시에는 녹슨 마천루만이 물 위에 유령처럼 고개를 내밀며 번영했던 과거를 짐작하게 한다.

'문명'이 시작된 이래 무수히 많은 사회가 융성했다가 몰락했지만, 무슨 일이 왜 일어나 그렇게 되었는지 뚜렷하고 자세한 기록을 남긴 경우는 '서양 문명'이라고 불리는 21세기 민족국가들뿐이다. 로마 제국과 마야 문명이 무너진 지 2,000년이 지나고 비잔티움 제국과 잉카 제국이 몰락한 지 1,000년이 넘은 오늘날에도, 이들 사회가 약화되고 인구가 줄어 안정성과 정체성을 잃게 된 1차적 원인이 무엇인지 역사가, 고고학자, 종합 실패 분석가들 사이에 의견이 분분하다. 그러나 서양 문명은 스스로 종말을 예측할 능력이 있었을 뿐 아니라 실제로 예측했다는 점에서 이전의 문명과는 다르다. 또한 이 사회는 기술적 전환을 이루면서 20세기에 쓰이던 종이나 21세기에 쓰이던 전자문서로 광대한 기록을 남겨놓았기 때문에 무슨 일이 일어났는지 상당히 뚜렷하고 자세하게 재구성할 수 있다. 구체적 정황에 대해서는 다른 분석이 나오기도 하지만, 이들이 어떤 일이 일어나는지 알면서도 멈출 수 없었다는 점에 대해서는 이견이 없다. 사실 가장 놀라운 점은 이들의 지식이 무척 방대했다는 점, 그런데도 지식에 따라 행동할 수 없었다는 점이다. 아는 것이 힘이 되지 않았던 것이다.

서방 세계는 몰락하기 거의 100년 전에 이미 이산화탄소 CO_2와 수증기가 대기의 열을 흡수한다는 사실을 알았다. 3단계로 진행된 산업혁명을 거치며 이산화탄소 배출량은 크게 늘었다. 처음에는 영국(1750~1850), 그다음에 독일, 미국, 나머지 유럽 국가, 일본(1850~1980), 마지막으로 중국, 인도, 브라질(1980~2050)에서 산업혁명이 진행되었다(이 글에서는 당시에 쓰이던 국가 이름을 사용하겠다. 대붕괴 이전의 지정학을 잘 모르는 독자를 위해 설명하자면 영국은 오늘날 캄브리아의 일부이고, 독일은 노르도-스칸디나비아 연합의 일부, 미국과 캐나다는 북미합중국의 일부였다). 20세기 중반 산업혁명 마지막 단계가 시작될 때에 자연과학자들은(과거에는 관습적으로 자연계와 사회제도를 따로 연구했기 때문에 이런 이름을 썼다) 인간의 활동으로 이산화탄소가 증가하면 이론적으로 지구 온도가 올라갈 수 있음을 인식했다. 그러나 걱정하는 사람은 거의 없었다. 그때까지 이산화탄소 총배출량은 그다지 많지 않았고, 대부분 과학자들은 대기를 용량이 무한한 하수구로 생각했기 때문이다. 1960년대에는 흔히 "오염은 희석으로 해결된다"고 들 했다.

그렇지만 사정이 달라졌다. 대기라는 하수구는 곧 꽉 찼고, '희석' 만으로는 오염이 해결되지 않는다는 것을 알게 된 것이다. 농도가 아주 낮을 때에도 강력한 영향을 미치는 화학물질도 있었는데, 유기염소계 살충제(가장 악명 높은 것은 디클로로디페닐트리클로로에탄, 즉 DDT였다)와 염화불화탄소CFC(일반적으로 미국 듀폰사의 상품명인 프레온가스로 알려져 있다―옮긴이) 같은 것이 그랬다. 사람들은 DDT가 물고기, 새, 포유류의 생식기능을 교란한다는 사실을 알게 되었다. 1970년대 과학자들은 CFC가 성층권의 오존층을 파괴하리라고 정확하게 예측했다. 다른 물질도 대기 중으로 엄청난 양이 방출되면서 포화도가 높아졌다. 석탄을 연소할 때 나오는 황산염이 있었고, 또 이산화탄소와 메탄CH_4은 화석연료 연소, 콘크리트 제조, 삼림 벌채, 논에서 벼를 재배하고 주 단백질 공급원으로 소를 기르는 당시 유행했던 농경 방식 등, 여러 요인 때문에 계속 증가했다.

1970년대에 접어들어 과학자들은 인간의 활동이 필연적으로 지구의 물리적 · 생물학적 기능을 변화시킨다는 사실을 인식하기 시작했다. 이렇듯 인류로 인해 지구의 변화가 일어나는 지질학적 시대를 인류세人類世, Anthropocene라고 부른다.[1] 이들 과학자들이 이런 발전을 이르게 해낼 수 있었던 것은 그들이 특별히 선구적인 사람들이어서가 아니다. 사실 핵무기를 실험하고 개발하는 과정에서 부수적으로 알게 된 사실이 많았다.[2] 지구의 한계를 연구한다는 앞선 인식이 있던 사람은 매우 드물었다. 선각자들 가운데 두드러지는 예로 미래학자 폴 에를리히(1932~ . 미국 학자로 인구 증가가 환경 문제의 주요인이라고 생각했다—옮긴이)라는 사람이 있다. 에를리히의 저서 『인구 폭탄The Population Bomb』은 1960년대 후반에는 널리 읽혔으나 1990년대에 접어들어서는 설득력을 잃었다고 치

부되었다.[3]

그래도 여러 연구 결과가 쌓였기 때문에 어떤 반응이 일어났다. 대규모 연구 프로그램이 시작되었고, 이 문제를 알아보고 조사하기 위해 새로운 조직이 생겨난 것이다. 문화적으로는 '지구의 날'을 제정해서 지구 환경에 대한 인식을 높이려 했으며(그날 하루만 잘 하면 된다고 생각했던 건지!) 미국에서는 환경보호국을 신설하여 환경보호라는 개념을 공식화했다. 1980년대 후반 과학자들은 이산화탄소 등 온실가스 농도가 높아지면서 기후, 바다의 화학적 성질, 생태계에 뚜렷한 변화

> 1970년대에 접어들어 과학자들은 인간의 활동이 필연적으로 지구의 물리적·생물학적 기능을 변화시킨다는 사실을 인식하기 시작했다. 이렇듯 인류로 인해 지구의 변화가 일어나는 지질학적 시대를 인류세라고 부른다.

가 일어나므로 빨리 대처하지 않으면 엄청난 재앙이 닥칠 위험이 있음을 인식했다. 많은 사람들이 온실가스 배출을 규제하고 탄소계 연료를 쓰지 않는 에너지 시스템으로 전환해야 한다고 주장했다.

역사가들은 1988년을 반암흑기의 시작으로 본다. 그해

에 세계 과학계와 정치계 지도자들이 과학계와 정부를 통합하는 조직을 새로 설립했다. 기후변화에 관한 정부간 패널 Intergovernmental Panel on Climate Change, IPCC이라고 불리는 조직이다. 과학적 논의를 거쳐 지구를 보호하기 위한 국제기구를 설립하는 것이 그 목표였다. 1년 뒤에 기후 보호를 위한 국제 규약의 모델로 「오존층 파괴 물질에 관한 몬트리올의정서 Montreal Protocol to Control Substances that Deplete the Ozone Layer」가 발표되었다. 1992년에는 이것을 바탕으로 "인류가 야기한 위험한 기후 혼란"을 막기 위해 「유엔기후변화협약United Nations Framework Convention on Climate Change, UNFCCC」이 통과되었다. 세계가 눈앞에 닥친 위기를 인식하고 협약을 통해 해결책을 만들어나가려는 듯 보였다.

그렇지만 변화의 움직임이 본격적으로 시작되기도 전에 반발이 일어났다. 막대한 비용과 불편을 감수하며 온실가스 배출을 제한하는 것을 정당화하기에는 과학적 근거가 부족하다는 비판이 나왔다. 문제를 해결하여 얻는 이익보다 거기에 드는 비용이 더 크다는 것이었다. 처음에는 이렇게 주장하는 사람이 소수였는데, 이런 목소리는 대부분 미국에서 나왔다(지금 돌이켜보면 미국이 명백하게 스스로를 옹호하는 자세를 취한 것이지만 당시에는 분명하게 인식하지 못했다). 일부 국가의 노력에도 불구하고 미국은 국제협력의 틀로 들어가지 않으려 했다. 다른 나라들도 미국의 뜨뜻미지근한 태도를 핑계 삼아 파괴적인 개발을 지속했다.

20세기 끝 무렵이 되자 기후변화를 부인하는 태도가 널리 퍼졌다. 미국 정치 지도자들도 (대통령, 하원의원, 주의원 등) 그것을 부인하는 입장에 섰다. 유럽, 오스트레일리아, 캐나다에서도 기업가, 은행가, 일부 정치지도자들이 기후변화의 '불확실성'을 내세우는 주장을 널리 퍼뜨렸다. 한편 저개발 국가에서는 다른 형태의 반대 주장이 제기되었다. 기후변화의 위험성 때문에 가하는 규제가 후발국가의 경제개발을 막는 장치로 쓰인다는 주장이다(그렇지만 이런 주장이 환경에 미치는 영향은 크지 않았다. 이들 저개발 국가는 온실가스 배출량이 워낙 적고 국제적 영향력도 미미했기 때문이다).

다른 방향을 취한 나라도 있었다. 예를 들어 중국은 인구 조절 정책을 쓰면서 탄소연료가 아닌 에너지원을 기반으로 경제체제를 전환해갔다. 서방은 이런 노력에 관심을 두지도 않고 따라하려 하지도 않았다. 서방에서 중국의 인구조절 정책을 비도덕적이라고 보았고, 중국의 경제가 급속도로 성장하면서 온실가스 방출량도 급격히 늘어나 재생가능 에너지의 효과가 겉으로 드러나지 않았기 때문이다. 하지만 2050년이 되자 그 효과가 뚜렷이 나타나 중국의 온실가스 배출량은 급격하게 떨어졌다. 다른 나라들도 중국의 뒤를 따랐더라면 역사는 크게 달라졌을 것이다.[4]

하지만 결국 그렇게 되지 않았다. 2000년대 초에는 인간의 활동에 의한 기후변화 때문에 재앙이 찾아오기 시작했다. 화재, 홍수, 허리케인, 폭염이 심해진 것이다. 그런데도 사람들은 기후변화의 영향을 계속 무시했다. "적극적으로 부인"하는 사람들은 기상이변이 자연적인 기후변동에 따른 것일 뿐이라고 주장했으나 이 주장을 뒷받침하는 근거는 없었다. "소극적으로 부인"하는 사람들은 산업과 기반 시설 전반을 통째로 바꿔야 할 정도로 강력한 근거는 없지 않느냐며 그냥 원래 살던 대로 살았다. 증가하는 자연재해를 연구하는 과학자들조차 이런 태도를 적극적으로 공박하지 않았다. 오히려 어떤 특정한 요인을 극단적인 사건의 원인으로 지목할 수 있느냐는 애매모호한 논쟁에만 매달렸다. 물론 문명의 위기가 단 한 건의 홍수나 폭염, 허리케인 때문에 온 것은 아니다. 위기는 기후 패턴의 전반적 변화, 빙권水圈의 붕괴, 바다의 산성화 등이 이루어지며 찾아왔다. 그렇지만 과학자들이 저마다 대기, 수권, 빙권, 생물권 등 환경의 특정 부분에만 집중하는 전문가들이다 보니 전체적인 패턴에 대해 이야기하기가 힘들었다.

2009년은 서방 세계가 스스로를 구할 수 있었던 "마지막 기회"라고 한다. 각국 수장들은 덴마크 코펜하겐에서 유엔기후변화협약이 이루어진 뒤 15번째로 다시 모여 기후변화를 막기 위한 강제성이 있는 국제법을 제정하기로 했다. 그 2년 전에는 IPCC에서 활동하는 과학자들이 인류가 일으킨 온난화가 "명백"히 진행 중이라고 선언했다. 여론조사에서도 대부분 사람들이 (고집불통 미국에서조차도) 행동을 취할 이유가 있다고 생각한다는 결과가 나왔다. 그렇

2000년대 초에는 인간의 활동에 의한 기후변화 때문에 재앙이 찾아오기 시작했다. 화재, 홍수, 허리케인, 폭염이 심해졌다. 그런데도 사람들은 기후변화의 영향을 계속 무시했다.

지만 회의가 열리기 직전에 IPCC의 결론을 뒷받침하는 연구에 의혹을 제기하는 대규모 캠페인이 시작되었다. 석유 회사들이 이런 움직임을 대대적으로 지원했는데, 그때 석유 회사들의 연간 수익은 대부분 국가의 GDP보다 많았다(그때에는 보통 GDP(국내총생산)라는 구식 개념으로 국가의 건강 상태를 평가했다. 부탄처럼 국민총행복이라는 개념이 쓰이지 않을 때다). 그러자 대중의 지지도 사라져, 대통령이라 할지라도 나라를 움직일 수 없을 것 같았다.

한편 기후변화는 점점 심해졌다. 2010년 러시아에서 여름 기온이 최고 기록을 경신했고, 화재가 일어나 5만 명이 넘는 사람들이 목숨을 잃고 150억 달러(2009년 화폐가 기준)가 넘는 손실을 입었다. 이듬해 오스트레일리아에서는 대규모 홍수가 발생해 25만 명이 넘는 사람들이 피해를 입었다. 2012년은 미국에서 "겨울이 없었던 해"로 불렸다. 이 해 겨울에 한밤 최저온도의 최고 기록을 비롯한 기상기록이 모두 깨졌다. 확실히 걱정해야 할 만한 일이었다. 여름에는 전례 없는 폭염이 닥쳐 가축이 죽고 농작물이 말라버렸다. "겨울이 없었던 해"라는 말이 오해를 불러일으킬 수 있는데, 사실이 해에 따뜻한 겨울 현상은 미국에서만 일어났다. 그렇지만 "여름이 끝나지 않은 해"라고 널리 알려진 2023년의 열파는 그 이름에 걸맞게 세계적으로 50만 명의 목숨을 앗아가고 화재, 흉작, 가축과 반려동물 폐사 등으로 5,000억 달러에 이르는 피해를 입혔다.

애완용 개와 고양이가 죽는 바람에 부유한 서양인들도 이 문제에 관심을 갖게 되었다. 그렇지만 2023년에는 이변이라고 여겨졌던 것이 곧 으레 그런 것으로 받아들여지게 되었다. 이때에도 정계, 재계, 종교계 지도자들은 이런 파괴적인 재앙의 원인이 화석연료라는 사실을 받아들이려 하지 않았다. 기온이 올라가자 실내 온도조절 등에 에너지를 더 많이 소비해야 했고 결국 더 강력한 폭풍, 더 큰 홍수, 더 질긴 가뭄이 찾아왔다. 이렇게 빤한 일이었는데도, 스스로를 계몽의 자식이라 일컫던 이들에게는 무지와 부인의 그림자가 짙게 드리웠다. 그렇기 때문에 이 시기를 반암흑기라고 부른다.

탄소중립(탄소를 배출하는 만큼 나무를 심거나 신재생 에너지 사업을 지원함으로써 배출을 상쇄하여 실질 배출량을 0으로 만든다는 개념—옮긴이) 사회로 전환하려면 21세기 초에 바로 행동에 나섰어야 했다. 하지만 충격적이게도 그 반대의 일이 일어났다. 에너지 전환이 긴급하다는 사실이 확실해졌을 때, 세계 온실가스 방출량은 오히려 늘어난 것이다. 쉽게 이해하기 어려운 부분이기 때문에 이

애완용 개와 고양이가 죽는 바람에 부유한 서양인들도 이 문제에 관심을 갖게 되었다. 그렇지만 2023년에는 이변이라고 여겨졌던 것이 곧 으레 그런 것으로 받아들여지게 되었다. …… 스스로를 계몽의 자식이라 일컫던 이들에게 무지와 부인의 그림자가 짙게 드리웠다.

중대한 시기를 좀 더 자세히 들여다볼 필요가 있다.

2
서양 문명(1540~2093)을 끝장낸

화석연료 광기

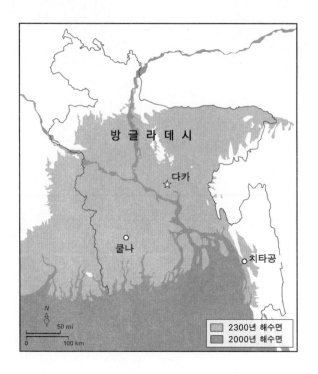

방글라데시

미국인들은 세계에서 가장 가난한 나라 가운데 하나였던 방글라데시를 이데올
로기 싸움의 장으로 삼았다. 자칭 '기후 강경파' 들은 방글라데시가 물에 잠기
지 않게 하기 위해 온실가스를 줄여야 할 도덕적 의무가 있다고 했고, 이른바
'기후 현실주의자' 들은 값싼 화석연료를 기반으로 경제성장을 이루어야만 방
글라데시 사람들이 스스로 자구책을 강구할 수 있을 만큼 부유해진다고 주장
했다. 실제로는 '자유로운 경제성장' 을 통해 극히 일부 사람들만 나라를 버리
고 떠날 수 있을 만큼 부유해졌다. 가난한 사람들은 홍수를 피하지 못했다.

반암흑기 초기, 기후변화가 위험하다고 이야기한 과학자들은 지나친 걱정을 한다거나 자신의 이득 때문에 법석을 떤다는 비난을 받았다. 관심을 끌어서 재정 지원을 받고 사회적 지위를 높이려 한다는 것이었다. 처음에는 과학자들을 공공연히 비난하는 것에서 시작해, 나중에는 은밀히 위협하고 연구물을 훔치며 개인 서신을 압수하는 방법까지 동원되었다.[1] 원유 유출 사고 피해를 기록한 과학자들의 기록이 법적 조치에 따라 압수당한 일도 있었다. 2011년 멕시코만에서 브리티시 페트롤륨BP사의 딥워터 호라이즌 석유 시추시설이 폭발했을 때 일이다. 관련 기록 압수 조처가 내려지자 학계는 반발했으나 당사자인 과학자들은 결국 그 요구에 굴복하고 말았다. 그리고 이 일은 정부와 정부가 지원하고 보호하는 기업이 과학자들에게 줄곧 압력을 행사하게 되는 발판이 되었다.[2] 이 무렵에 미국을 비롯한 여러 곳에서 과학자들이 무엇을 어떤 방식으로 연구할 수 있는지를 제한하는 법령이 통과되었다. 가장 유명한 것은 2012년 당시 미국의 노스캐롤라이나(현재는 대서양 대륙붕의 일부) 주정부에서 통과된 '해수면상승 부인 법안House Bill 819' 이다.[3] 한편 2012년에 제정된 정부 지출 책임법은 정부 소속 과학자들이 학회에 참석하여 연구 결과를 공유하고 분석하는 활동을 제한했다.[4]

해수면 상승 부인법은 처음 도입되었을 때에는 조롱거리였지만 그것을 표준으로 삼아 2025년 미국 국가 안정성 보호법이 제정되었다. 이 법에 따라 300명이 넘는 과학자들이 "지나치게 불안감을 조성하는 주장을 하여 대중의 안전과 안녕을 위협한" 죄로 기소되고 투옥되었다. 기후변화에 대처하려면 경제성장이 반드시 필요한데, 과학자들이 위험성을 과장해서 경제성장을 저해한다는 주장이 득세했던 것이다. 과학자들은 항소했지만 미국 대법원은 '명백하고 현존하는 위험의 원칙'이라는 것에 의거해 유죄 판결을 확정했다. 이 원칙 때문에 정부는 직접적 위험을 초래할 것이라 판단하는 경우 언론의 자유를 제한할 수 있다.

　기후변화에 관한 증거는 결국 옳다고 입증될 것이었는데 과학자들이 위험을 과장하는 바람에 뜻하지 않게 그 중요성이 약화되었던 것일까? 반암흑기 초기에 일부 과학자들이 대중 앞에서 자기도취적인 자세를 취하기도 한 것은 사실이다. 이때에는 기후 연구 분야에 자금이 쏠렸고 대신 다른 과학 분야나 다른 지적 · 창조적 활동 분야는 자금난을 겪어야 했다. 사실 이 부유한 나라들이 예술 활동을 지원하는 데 얼마나 인색했는지를 보면 참 놀랍다. 그때 일어나던 변화의 의미를 가장 먼저 파악한 사람들이 예술가여서일 수도 있다. 그 무렵 꾸준히 읽히던 문학작품 가운데 미국 소설가 킴 스탠리 로빈슨의 SF 3부작인 『비의 40가지 징후Forty Signs of Rain』, 『영하 50도Fifty Degrees Below』, 『60일 그리고 계속Sixty Days and Counting』이라는 작품들이 있었다.[5] 조각가 다리오 로블레토Dario Robleto도 이 문제에 대해 '발언'했다. 그는 주로 사라진 종을 주제로 작품을 만들었는데, 그의 작품이 오늘날까지 남아 있지는 않지만 당대의 반응은 기록으로 남아 있다.[6] 어떤 일이 일어날지 예측한 환경론자들도 있었다. 오스트레일리아의 클라이브 해밀턴과 폴 길딩이 대표적이다(오스트레일리아 사람들의 교육 수준이 높고, 사람이 거주할 수 있는 지역 가장자리 대륙에 살다 보니 변화에 더욱 민감했던 것일 수도 있다).[7] 과학자와 예술가들 같은 '걱정꾼들'은 현재 기후가 변화하고 있다는 올바른 예측을 했다. 사실 2010년 무렵에는 온난화, 해수면 상승, 극지 얼음 해빙 등의 진행이 예상치를 넘어서면서 과학자들이 기후변화의 위협을 과소평가했다는 게 뚜렷해졌다.[8]

예방조치를 할 기회가 있었던 반암흑기 초기에 왜 사람들이 적절하게 대응하지 못했는지 이해하기란 쉽지 않다. 많은 사람들이 이에 대한 답을 인간의 적응성 낙관주의라는 보편적 특성에서 찾으려 했다. 나중에 살아남은 사람들에게는 이런 태도가 특히 중요했다. 그렇지만 학자들이 더욱 난감해하는 부분은 이런 위험을 알아차리고 사회에 경고해야 할 과학자들이, 심지어 자기들이 이런 위험을 이해하고 사회에 경고한다고 생각하면서도, 어째서 기후변화가 얼마나 막대하게 심각한 문제인지 알아차리지 못했느냐는 점이다.

이 질문에 대한 답을 찾기 위해 일부 학자들은 당시 과학계의 인식론적 구조에 주목했다. 19세기 후반과 20세기에 과학은 '학문 분야'를 중심으로 발전하며 좁은 분야에 대해 아주 전문적인 전문가들을 양성했다. 학문을 지적 · 제도적으로 세분하는 '환원주의적' 접근은 17세기 프랑스 철학자 르네 데카르트에서 비롯되었다고 하지만, 그것이 완성된 것은 19세기 후반에 이르러서였다. 이때는 복잡한 문제의 단일한 요소에 집중함으로써 지적인 힘을 기르고 탐구의 동력을 얻을 수 있다고 생각했다. 이때에는 '취급 용이성'이 중요했으므로 너무 거대하거나 복잡해서 해결할 수 없는 문제를 더 작고 다루기 쉬운 부분으로 나누었다. 환원주의는 양자물리학이나 의학 진단 등 여러 분야에서 매우 강력한 힘을 발휘했지만, 복잡한 체계는 연구하기 어렵다는 단점도 있었다. 환원주의적 학문 체계는 과학자들이 기후변화의 위협에 대해 뚜렷이 말할 수 없는 이유이기도 했다. 대부분 과학자들이 자신의 전문분야가 아닌 부분에 대해서는 잘 몰랐기 때문이다(다른 환경 문제도 비슷한 어려움을 겪었다. 예를 들어 남극이 얼음으로 덮여 있던 시기에 극지 성층권 구름이 오존층을 파괴하는 역할을 한다는 사실을 과학자들이 여러 해 동안 알아차리지 못했다. 화학 반응을 연구하는 '화학자' 들은 극지 성층권에 구름이 있다는 사실조차 알지 못했기 때문이다!). 기후변화에 대해 넓은 식견을 가진 과학자들도 자기 분야가 아닌 것에 대해 이야기하면 다른 사람의 몫을 가로채는 것 같고 온당하지 않은 일이라고 생각해 말하는 것을 주저했다.

그래서 여러 다양한 전문가들이 한데 모여 이 문제에 대해 전체적으로 논의할 수 있도록 IPCC를 창설하였다. 하지만 전문가들의 견해가 너무나 다양하고 정부의 압력이 너무 컸기 때문에, 또 앞에서 말한 과학계의 제약 때문에 IPCC는 뚜렷한 목소리를 내는 데 어려움을 겪었다. 일부 과학자들은 시스템 과학, 복잡성 과학, 지구시스템 과학 등 통합 학문 분과를 제안했지만, 이런 노력들도 하나같이 자연계에만 집중했을 뿐 사회적 요소는 여전히 고려

> 환원주의적 학문 체계 때문에 과학자들이 기후변화가 제기하는 위험에 대해 뚜렷하게 말할 수 없기도 했다. 대부분 과학자들이 자기 전문분야가 아닌 부분에 대해서는 잘 몰랐기 때문이다.

사항이 아니었다. 하지만 시스템을 움직이는 주요 동인은 사회적 요소인 경우가 많다. 예를 들자면, 대기에 온실가스가 축적되면서 기후변화가 일어난다는 주장이 되풀이해 나왔다. 과학자들은 삼림 파괴와 화석연료 연소 등 인간의 활동 때문에 온실가스가 축적된다는 사실은 알았지만, 원인이 사람에 있다든가 우리의 대량 소비 패턴이 문제라든가 하는 말은 자기 분야가 아니라고 생각해서 잘 이야기하지 않았다.

일부 학자들은 서양 자연과학의 뿌리가 종교 제도에 있다고 본다. 중세 수도회가 의복이나 거주지, 행동, 음식 등에 극도의 금욕주의(다른 말로 하면 육체적인 자기 부인)를 실천하여 도덕적 엄격성을 보여준 것처럼, 20세기와 21세기의 자연과학자들도 지적 자기 부인을 통해 지적 엄밀성을 드러냈다.[9] 그러다 보니 과학자들은 당장 눈앞에 닥친 위험에 관한 것이라 하더라도, 어떤 주장이든 극도로 엄격한 기준을 충족시켜야

과학이 이전의 학문과 구분되는 엄밀한 학문임을 분명히 하기 위해 자기네 지적 기준이 얼마나 엄격한지를 스스로에게, 세상에 입증해야 한다는 강박 같은 것이었는데 지금 보면 순진무구하게까지 여겨진다.

만 받아들이게 되었다. 이는 과학이 이전의 학문과 구분되는 엄밀한 학문임을 분명히 하기 위해 자신들의 지적 기준이 얼마나 엄격한지를 스스로에게, 그리고 세상에 입증해야 한다는 강박 같은 것이었다. 지금 보면 순진무구하게까지 여겨진다. 그래서 새로운 주장을 하려면 반드시 입증해야 한다는 책임이 있었다. 이론적으로 예상되던 현상이 경험적으로 일어났다고 말할 때조차 그랬다. 기후변화에 대한 주장도 이 경우에 들어간다.

예를 들어 21세기 초 일부 과학자들은 허리케인이 심해졌다는 사실을 알아차렸다. 물리학 이론에 따라 저기압 생성 지역의 해수면 온도가 높아지면 허리케인의 수가 늘거나 규모가 더 커진다는 예상과 일치하는 결과였다. 그렇지만 과학계 동료들의 압박 때문에 온난화와 허리케인을 연결 짓는 결론은 철회해야 했다. '통계적 유의성'이라는 개념이 논쟁의 중심이 되었다. 오늘날 우리는 비선형 시스템(선형 시스템은 작은 원인이 작은 결과를, 큰 원인이 큰 결과를 가져오지만 비선형 시스템은 작은 원인이 큰 결과를, 큰 원인이 작은 결과를 가져올 수 있다―옮긴이)의 우위나 확률과정(시간의 진행에 따라 확률적으로 변화를 가지는 구조―옮긴이)의 분포에 대해 알기 때문에 당시 지배적이던 95퍼센트 신뢰수준이라는 기준을 잘 납득하지 못한다. 그렇지만 20세기 과학자들은 피셔 통계학 기준에 따라, 관찰된 사건이 우연히 일어났을 확률이 20분의 1보다 낮아야만 그 주장을 받아들일 수 있다고 보았다. 온난해진 기온과 물리학, 화학, 생물학적 인과관계가 있는 여러 현상들이 이런 기준을 충족시키지 못했기 때문에 '입증되지 않음'으로 치부되어 무시되었다. 왜 뚜렷한 인식론적 근거도 수학적 근거도 없는 95퍼센트 신뢰수준이라는 기준이 확고하게 자리 잡았는지는 역사학계의 오랜 의문이다. 지금은 그것이 대체로 과학자들이 자기네 학문의 엄밀성을 입증하고자 하는 욕망 때문에 스스로 정한 사회적 관습이라고 본다. 과학계에는 존재하지 않는 것을 존재한다고 생각하는 것이 존재하는 것을 존재하지 않는다고 생각하는 것보다 더 어리석은 일이라고 보는 지적 문화가 있었다. 과학자들은 이 두 가지 오류를 각각 '제1종 오류', '제2종 오류'라 부르고 '어떤 희생을 치르더라도' 제1종 오류를 피하도록 하는 절차를 수립했다. 어떤 과학자는 "제1종 오류가 가장 심각하다고 간

> 과학자들은 존재하지 않는 것을 존재한다고 생각하는 것이 존재하는 것을 존재하지 않는다고 생각하는 것보다 더 어리석은 일이라고 보는 지적 문화를 만들었다.

주되므로 제2종 오류보다 제1종 오류를 피하는 게 훨씬 더 중요하다"고 했다. 또 다른 과학자는 제2종 오류는 오류가 아니라 "기회를 놓친 것"에 불과하다고 주장했다.[10] 따라서 기상 현상 패턴이 뚜렷하게 변하는데도 과학자들은 이게 사람이 일으킨 기후변화 때문이라고 확실하게 주장할 수 없었다. 보통 사람들은 그 연관성을 느끼고 받아들인 반면, 정작 그걸 연구하는 과학자들은 인정하지 않았던 것이다.[11] 이에 더해 정치지도자들은 실제로는 다급한 상황인데도 아직 여유가 있다고 생각했다. 이 일의 아이러니는 곱씹어볼 필요도 없이 뚜렷하다. 과학자들은 인류 역사상 가장 중대한 기회를 놓쳤고 그로 인한 손실은 실제로 거의 '모든 희생을 치러야 하는' 수준이었다.

2012년까지 화석연료를 연소하고 시멘트를 생산하면서 대기에 방출한 이산화탄소는 3,650억 톤이 넘는다. 여기에 삼림 훼손, 토지 개발 등으로 1,800톤이 추가되었다. 놀랍게도 이 방출량의 절반 이상이 1970년대 중반 이후, 과학자들이 컴퓨터 모델을 이용해 온실가스가 온난화를 일으킨다는 사실을 입증한 뒤에 배출된 것이다. 유엔기후변화협약이 이루어진 뒤에도 방출량은 계속 늘었다. 1992~2012년 사이 이산화탄소 총방출량은 38퍼센트 증가했다.[12] 가난한 나라에서 삶의 수준을 높이기 위해 에너지 소비량이 늘면서 이산화탄소가 증가한 부분은 이해가 간다. 그렇지만 위험한 기후변화가 뚜렷하게 나타나기 시작한 그 순간에 왜 부유한 나라에서 화석연료 생산을 급격히 늘렸는지는 설명하기 어렵다. 그것도 세계에서 가장 부유한 나라로 손꼽히던 미국과 캐나다에서 이런 수수께끼 같은 움직임을 취했다.

2005년이 전환점이었다. 이때 미국 에너지 정책법이 개정되며 셰일가스shale gas〔진흙 퇴적암층(셰일)에 매장된 천연가스로 유전에서 채굴하는 기존 가스와 화학적 성분이 같지만 추출이 어렵다는 문제가 있었다. 그런데 2000년대에 들어 미국을 중심으로 수압파쇄 같은 공법이 상용화되면서 채굴량이 급격히 늘고 있다—옮긴이〕 시추 작업이 식수안전법에 따른 관리 통제를 받지 않아도 되게끔 면제되었다. 셰일가스 생산이 대폭 늘어날 수 있도록 이 법안이 포문을 (정확히 말하면 유정油井을) 열어준 셈이다.[13] 그 무렵 미국 셰일가스 생산은 1년에 5Tcf 미만이었다(Tcf는 1012입방피트로 천연가스의 양을 가늠하는 단위로 썼다. 그때는 제국주의 시대의 유물인 피트라는 단위를 썼는데, 3피트가 대략 1미터에 해당한다). 2035년에는 13.6Tcf로 늘었다. 미국에서 셰일가스 생산을 늘리고 관련 기술을 수출하자 다른 나라들도 뒤를 따랐다. 2035년 가스 총생산량은 연간 250Tcf를 넘어섰다.[14]

캐나다도 셰일가스 생산에 저돌적으로 뛰어들었다. 상업자본들이 화석연료 에너지원을 추가로 개발하려고 경쟁했기 때문이다. 이때의 열띤 개발을 '광기'라고 불러도 지나치지 않을 듯하다. 20세기 후반에는 캐나다가 환경의식이 높은 선진국으로 불렸지만, 2000년을 기점으로 캐나다 정부는 태도를 바꾸어 앨버타 주에 있는 거대한 타르샌드tar sand(중질 타르가 섞인 모래나 바위. 열수 처리 따위의 방법으로 정제하면 원유에 가까운 것을 얻을 수 있다―옮긴이) 매장지와 국토 이곳저곳

20세기 후반에는 캐나다가 환경 의식이 높은 선진국으로 불렸지만, 2000년을 기점으로 캐나다 정부는 앨버타 주에 있는 거대한 타르샌드 매장지와 국토 이곳저곳의 셰일가스 유정 개발에 박차를 가했다.

의 셰일가스 유정 개발에 박차를 가했다. 타르샌드는 (정부에서는 오일샌드라는 이름으로 불렀다. 끈적끈적한 타르보다는 액체인 기름이 대중적으로 이미지가 좋기 때문이다) 1960년대 이래로 이따금씩 채굴되었지만 채산성이 맞지 않았는데, 기존 원유 가격이 상승하는 바람에 이제 경제성이 있는 자원이 되었다. 세계 타르샌드 매장량의 70퍼센트가 캐나다에 있었기 때문에 기후변화에 대한 캐나다 정부의 입장도 바뀌게 된다. 2011년 캐나다는 유엔기후변화협약에서 채택한 교토의정서에서 탈퇴했다.[15] 의정서 체계 아래에서 캐나다는 온실가스 방출량을 6퍼센트 줄이기로 약속했는데, 실제로는 방출량이 30퍼센트 넘게 늘었다.[16]

한편 미국의 뒤를 따라 캐나다 정부는 캐나다 전역에 매장되어 있는 셰일가스 추출도 공격적으로 지원했다. 그리하여 이산화탄소와 메탄CH_4의 직접 방출이 늘었을 뿐 아니라(셰일가스 유전에는 이산화탄소도 들어 있고 채굴 과정에서 실질적으로 전량이 유출되기 때문이다) 천연가스 공급이 폭발적으로 늘면서 시장가격이 폭락했고 막 시작되려던 재생가능 에너지 산업은 전 세계적으로 무너져 내렸다. 중국만은 예외로 신생 산업에 보조금을 지급하고 보호했기 때문에 재생가능 에너지 산업이 성장할 수 있었다.

값싼 천연가스 때문에 이미 휘청거리던 원자력 산업도 쇠퇴의 길로 접어들었다. 특히 미국에서 이런 현상이 두드러졌다. 게다가 미국에서 바이오디젤(폐식용유나 식물성 기름 등으로 만든 재생가능 연료로 독성물질과 온실가스 발생이 현저하게 적은 친환경 에너지—옮긴이) 연료 사용을 금지하면서 상황은 더욱 악화되었다. 처음에는 군대에서, 이어서 일반 판매도 금지하여 이제 막 생성되려던 바이오디젤 시장이 타격을 입었다.[17]

주정부와 연방정부 양쪽에서 재생가능 에너지 개발을 제한하고 (특히 전기발전 산업이 까다로운 규제와 맞닥뜨렸다) 전기차 판매를 억제하는 법안이 통과되었다. 에너지 생산 및 소비를 계속 장악하려는 석유회사의 로비 탓이었다.[18]

한편 북극 얼음이 녹으면서 바닷길이 열려 북극 지역의 석유와 천연가스 유전 개발이 더욱 원활해졌다. 이때에도 물론 과학자들은 무슨 일이 일어나는지 알았다. 2010년대 중반이 되자 여름의 북극 육지 크기가 고정밀 위성 측량이 처음 이루어졌던 1979년에 비해 30퍼센트나 줄었다. 정확하게 말하면 1979년에서 2013년까지 10년당 13.7퍼센트씩 줄어든 셈이다.[19] 배, 부표, 비행기 등을 통해 입수한 추가 자료를 이용해 여름의 북극 얼음 크기를 이전과 비교하면, 얼음이 녹아 없어진 땅이 거의 50퍼센트에 달한다. 2007년은 특히 걱정을 불러일으킬 만한 해였다. 이 해에 오래전부터 극지 탐험가들이 찾으려 애썼던 북서항로(대서양에서 북아메리카의 북쪽 해안을 따라 태평양에 이르는 항로. 오래전부터 탐험가들이 진입하려 시도했으나 모두 실패했고 1906년 노르웨이 탐험가 아문센이 최초로 정복했다. 그러나 혹독한 날씨 때문에 항로로 쓰기에는 현실성이 없다고 간주되었다―옮긴이)가 열리고 역사상 처음으로 북극해를 배로 통과할 수 있게 되었는데, 과학자들은 극지의 얼음이 여름에 전부 녹아버리는 일은 시간문제이며 아주 심각한 문제가 닥쳤다는 것을 알았다. 그렇지만 업계와 재계에서는 이 일을 오로지 원유와 천연가스를 탐사할 기회로만 보았다.[20] 이런 위험한 개발이 기후변화를 더욱 가속화할 테니 정부가 당연히 막으리라 생각하겠지만 정부도 한통속이었다. 예를 들어 2012년 러시아 정부는 미국의 거대 석유회사 엑슨모빌과 협정을 맺었다. 엑슨모빌이 러시아 극지방에서 석유 탐사를 할 수 있게 하는 대신 미국에서 셰일가스 시추 기술을 전수받기로 한 것이다.[21]

탄소중립 사회로 체계적으로 전환해갈 수 있는 풍부한 자원을 갖춘 부유한 나라들이, 무슨 근거로 죽음을 불러오는 화석연료 생산을 확대한 걸까? 분명한 것은 기후변화와 화석연료 생산·소비 사이의 연관 관계를 부인하는 세력을 정부가 옹호했다는 사실이다. 또 셰일가스가 '재생가능 에너지로 가는 길'이 될 수 있다는 망상을 부추기기도 했다. 기존의 원유와 천연가스 자원이 바닥나고 있고 (사실이긴 했지만 기후변화를 늦출 수 있을 정도로 빨리 닳는 것은 아니었다) 천연가스가 석탄과 비교하면 이산화탄소를 절반 정도밖에 발생시키지 않는다는 점을 강조하면서 정·재계 지도자들은 (그리고 심지어 기후 과학자와 '환경주의자'들조차도) 셰일가스 개발이 환경적 · 윤리적으로 옳은 길이라고 스스로를, 그리고 다른 사람들을 설득했다.

그렇지만 이 논리에는 여러 허점이 있다. 첫째, 탈루성 배출(유정에서 대기로 빠져나오는 이산화탄소와 메탄)이 온난화를 크게 가속화했다는 점이다(다른 기후 관련 현상과 마찬가지로 이 사실도 예측되었지만 과학자들의 예측은 전문 학술지 안에 묻혀버렸다). 둘째로 천연가스가 온실가스를 절감하는 데 효과가 있다는 분석들은 대부분 전기발전에 석탄 대신 가스를 쓸 때를 상정한 것인데, 이런 경우에는 정도의 차이는 있지만 분명히 효과가 있는 것으로 나타났다. 그렇지만 가스 가격이 내려가자 운송과 가정 난방 연료로 점점 더 많이 쓰이게 되었고 전기발전에서 얻은 절감 효과는 상쇄되고 말았다. 셋째로 가스가 석탄을 대체하리라는 가정을 바탕으로 절감 효과를 산출했는데, 일부 지역에서는 그렇게 되기도 했지만(미국과 유럽 일부지역) 다른 곳(예를 들어 캐나다)에서는 석탄보다는 주로 원자력과 수력 에너지를 대체하게 되었다. 값싼 천연가스가 추가 에너지원이 되어 점점 늘어나는 수요를 충족시켰을 뿐, 화석연료 생산을 대체하지 않은 곳이 많았다.

새로 가스 발전소가 건설되면서 화석연료를 기반으로 하는 기간 시설이 더욱 공고해졌고 온실가스 방출 총량도 계속 늘었다. 천연가스가 환경에 이득이 된다는 주장은, 단기적으로 석탄과 석유 사용을 제재하고 장기적으로 가스도 점차 줄여나가면 이산화탄소 순배출량이 떨어질 것이라는 가정을 바탕으로 한 것이었다.[22] 넷째로 석탄에서 나오는 에어로졸(해수에서 발생한 소금 입자, 화산의 연기, 매연 등 대기 중에 떠다니는 미립자를 가리키는 말로 햇빛을 차단하는 양산효과를 일으켜 기온을 낮춘다―옮긴이)의 냉각 효과가 이 분석에 들어가 있지 않았다. 에어로졸은 사람의 몸에는 나쁘지만 온난화를 늦추는 데 상당한 역할을 했다. 다섯째로 가장 중요한 사실은 정부가 외부비용을 계산하지 않고 보조금을 계속 주었기 때문에 화석연료가 계속 낮은 가격으로 유지되었고, 따라서 태양광, 풍력, 비행기에 사용하는 액체 바이오연료를 포함한 바이오연료(살아 있는 유기체나 동물의 배설물 등 생명체로부터 얻은 연료를 가리키는 말로 바이오알코올과 바이오디젤을 합해 지칭하는 말로도 사용된다―옮긴이) 등의 개발과 확대 노력이 힘을 받지 못했다는 것이다.[23] 이렇게 하여 탄소중립의 미래로 가는 다리는 건너보지도 못하고 무너져버리고 말았다.

그래서 어떻게 되었을까? 화석연료 생산은 늘고, 온실가
스 방출도 증가하고, 기후변화도 가속화되었다. 2001년
IPCC는 2050년에 대기 중 이산화탄소가 2배로 증가할 것이
라고 예측했는데,[24] 실제로는 2042년에 이 지점을 돌파했다.
과학자들은 이때까지 지구 전체 온도가 2~3도 정도 증가할
것이라 예측했다. 그러나 실제로는 3.9도가 올라갔다. 이산
화탄소가 2배가 되는 시점은 본디 뚜렷한 과학적 의미 없이
토론을 위해 기준점으로 삼은 것이었지만, 막상 닥치고 보니
매우 중요한 전환점이 되었다. 기온 상승이 4도에 달하자 급
격한 변화가 뒤따랐다.

2040년에는 혹서와 가뭄이 더 이상 이변이 아니었다. 식
수와 식량을 배급하고 맬서스주의〔영국의 경제학자 맬서스는
자신의 저서 『인구론』(1798)에서 식량 생산이 인구 증가를 따라잡지
못해 파국을 맞게 될 것이라 주장했다. 그러므로 비극을 막기 위해
인구 증가를 억제할 필요가 있다고 보았다―옮긴이〕에 따라 아이
를 하나만 낳도록 하는 인구 정책을 실시하는 등 통제 조치
가 취해졌다. 부유한 국가는 허리케인이나 토네이도 피해가

많이 일어나는 지역에서 두드러지게 인구가 줄었다. 재해 위험이 적은 지역은 인구가 과밀해져 압박을 받게 되었다. 가난한 나라에서는 상황이 훨씬 나빴다. 아프리카와 아시아 시골 지역은 인구 이동으로 인한 공동화, 영양부족으로 인한 질병, 불임, 굶주림이 흔했다. 그래도 아직까지는 해수면이 세계적으로 9~15센티미터밖에 높아지지 않았기 때문에 해안 지역 인구는 대체로 유지되었다.

그러다가 2041년 여름 북반구에 전례 없는 폭염이 닥쳐 지구를 달구고 곡물을 말려 죽였다. 사람들은 공포에 휩싸였고 거의 모든 도시에서 식량을 요구하는 폭동이 일어났다. 식량과 물 부족으로 대규모 인구 이동이 일어났고 동시에 곤충 수는 폭발적으로 증가해 발진티푸스, 콜레라, 뎅기열, 황열병 등과 전에 보지 못했던 바이러스, 레트로바이러스(보통의 바이러스나 세포성 생물과는 달리 RNA 형태로 유전정보를 전달하는 바이러스. C형간염 바이러스나 HIV 등이 여기 속한다―옮긴이)들이 널리 퍼졌다. 곤충 수가 급증하면서 캐나다, 인도네시아, 브라질 등의 대규모 삼림도 파괴되었다. 2050년대에 들어서자 사회 질서가 무너지고 정부가 전복되었다. 아프리카가 가장 혼란스러웠고 아시아와 유럽 여러 지역에서도 같은 일이 일어나 절박한 상황에 몰린 사람들을 이끌 구심점이 약해졌다. 북아메리카에서는 그레이트아메리카 사막이 북쪽과 동쪽으로 점점 뻗어가 고원지대를 삼키고 세계에서 손꼽히는 곡창지대마저 덮쳤다. 미국 정부는 폭동과 약탈을 막기 위해 계엄령을 선포했다. 그리고 몇 해 뒤 미국은 캐나다와 합병하여 북미합중국을 창설하기 위한 협상 계획을 발표했다. 자원을 공유하고 인구를 북쪽으로 이동시키는 일련의 계획을 실행하기 위해서였다. 유럽연합도 남쪽 지역 인구를 스칸디나비아와 영국 등 북쪽으로 자발적으로 이주시킬 계획을 발표했다.

식량과 물 부족으로 대규모 인구 이동이 일어났고 동시에 곤충 수는 폭발적으로 증가해 발진티푸스, 콜레라, 뎅기열, 황열병 등과 전에 보지 못했던 바이러스와 레트로바이러스들이 널리 퍼졌다.

여러 정부가 질서 유지와 식량 공급에 애쓰는 동안 스위스와 인도(이 두 나라는 수원의 원천이 빙하라서 빙하가 녹자 심각하게 물이 부족해졌다)는 1차 국제 기후변화 긴급 정상회담을 소집했다. 이 회의는 기후 보호 국제 통합(국제연합은 유엔기후변화협약이 실패한 이후 신뢰를 잃고 해산되었다)을 토대로 조직되었다. 정계 · 재계 · 종교계 지도자들이 제네바와 찬디가르에 모여 긴급 대책을 논의했다. 많은 사람들이 이제 무탄소 에너지원으로 전환해야 할 때가 되었다고 말했다. 하지만 어떤 이들은 전 세계 에너지 기반을 바꾸는 데 10~50년은 걸릴 텐데 그때까지 기다릴 여유가 없다고 했다. 대기의 이산화탄소가 줄어드는 데 걸리는 기간인 100년은 말할 것도 없었다.

그리하여 참가자들은 서둘러 국제 통합 기후 조절 보호 협정UNCCEP에 조인하고 국제 기후 냉각 조절 프로젝트ICCEP의 청사진을 준비하기 시작했다.

첫 단계로 ICCEP는 2052년에 국제 에어로졸 분사 기후 조절 프로젝트AICEP를 시작했다.[25] 이 프로젝트는 2006년에 처음 이 아이디어를 제안한 과학자의 이름을 따서 크뤼천Paul Jozef Crutzen(1933~ . 네덜란드의 대기화학자로 1995년 노벨 화학상을 받았다. 오존층을 연구하고 인류세 개념을 보급했다―옮긴이) 프로젝트라고도 불렀다. 21세기 초 이런 프로젝트가 처음 제안되었을 때에는 사람들이 격렬히 반대했지만 21세기 중반에는 대부분 지지하게 되었다. 사회를 조금이라도 안정시키고 싶은 부유한 국가들이나 자기들이 겪는 고통에 세계 차원에서 대처하기를 절박하게 바라는 가난한 나라들이나 해수면이 상승하면서 수몰될 위기에 처한 태평양의 섬나라들이나 모두 한마음이었다.[26]

IAICEP는 마이크로미터 이하 크기 황산염 입자를 1년에 약 2.0테라그램(1,012그램)의 속도로 성층권에 분사하여 2059년부터 2079년까지 해마다 0.1도씩 지구 기온이 낮아지기를 기대했다(그러는 동안 대대적으로 재생가능 에너지 기반 구조로 전환할 수 있으리라고 보았다). 처음에는 눈에 보이는 성과가 있었다. 프로젝트가 시작되고 첫 3년 동안은 기온이 예상대로 감소했고 화석연료 생산도 점차 줄었다. 그렇지만 4년째에 접어들자 예상은 했지만 무시했던 부작용이 일어났다. 인도 몬순(대륙과 해양의 온도 차이 때문에 발생하는 계절풍. 여름과 겨울 연 2회 영향을 미치는데 여름 몬순 기간은 6월 중순에서 9월까지며, 1년 중 가장 무더운 우기가 된다. 겨울 몬순은 11월에서 2월까지며, 이 기간은 건조기가 된다. 낮은 지대에서는 안정된 날씨가 지속되지만 산악지대에서는 강풍이 심하게 분다—옮긴이)이 사라진 것이다(태양 복사열을 차단하면서 인도양 표면의 해수 증발을 막았기 때문에 인도 몬순이 생성되지 않았다). 인도 전역에서 작물이 말라죽고 기근이 발생했다. IAICEP를 가장 열렬하게 옹호하던 인도가 이제 즉각 중단을 요구하고 나섰다.

결국 IAICEP는 2063년에 중단되었다. 그러자 치명적인 연쇄 반응이 시작되었다. 먼저 프로젝트가 느닷없이 중단되자 그 충격으로 지구 기온이 급작스레 반등했다. 중단 충격 역시 예상되었던 일이지만 IAICEP 옹호자들은 위급상황이기 때문에 위험을 감수할 수밖에 없다며 밀어붙였었다(IAICEP 시작 당시의 논리).[27] 그 뒤 18개월 동안 기온이 빠른 속도로 다시 올라갔고 프로젝트 진행 중에 낮아졌던 0.4도를 회복했을 뿐 아니라 추가로 0.6도가 더 올라갔다. 이 반등 효과로 지구 평균 기온이 거의 5도 가까이 상승했다. 프로젝트가 중단되자 갑자기 열이 더 많이 가해져서 그런 것인지 아니면 피할 수 없는 과정이었는지는 알 수 없지만, 이때 지구의 온실효과는 임계점에 다다랐다. 2060년 여름이 되자 북극지방의 만년설이 사라졌다. 수십 종의 생물이 멸종했다.

21세기의 도도새(인도양의 모리셔스 섬에 서식했던 새로 1681년에 멸종되었다—옮긴이)와 같은 상징이었던 북극곰도 사라졌다. 세계가 이렇게 눈에 띄는 상실에 주목하는 동안에도 온난화는 계속 진행되어 눈에 덜 뜨이는 대규모의 변화도 일어났다. 북극 영구동토층의 얼음이 녹은 것이다. 이 현상을 관찰하던 과학자들은 영구동토가 빠르게 녹으면서 그 안에 갇혀 있던 메탄이 흘러나온다는 사실을 발견했다. 정확한 수치는 남아 있지 않지만 그 뒤 10년 동안 북극 메탄에서 방출된 탄소가 총 1,000기가 톤에 달한다고 추정한다. 그래서 대기 중 탄소량이 2배로 늘었다.[28] 탄소의 대량 증가가 세이건효과(칼 세이건Carl Sagan은 1960년대 초에 이산화탄소에 의한 온실효과 때문에 금성 표면 온도가 극심하게 높다는 가설을 제시했다—옮긴이)라고 하는 것을 불러일으켰다(좀 더 극적인 표현으로 금성 죽음이라고도 부른다). 세이건효과는 온난화와 메탄방출이 강력한 악순환을 형성하는 것을 가리킨다. 지구 온도는 이미 상승한 5도에 더해 6도가량 더 올라갔다.

서구 문명이 결정적으로 무너지게 된 계기는, 역시 마찬가지로 오래전부터 논의되었으나 현실적으로 일어날 가능성은 없다고 생각되었던 현상에서 비롯되었다. 바로 서남극 빙하의 붕괴다. 서남극 빙하가 엄밀히 말해 붕괴했다고는 할 수 없다. 제자리에서 한순간에 무너지지는 않았기 때문이다. 빠르게 해체되었다고 보는 편이 정확할 것이다. 사후 분석에 따르면 북반구의 과도한 열 때문에 대양 해류의 순환 패턴이 흐트러졌고, 따뜻한 바닷물이 남극해로 흘러들어 빙하의 토대를 잠식했다. 커다란 빙상이 분리되어 나오자 빙하를 남극 반도에 붙어 있게 했던 방벽이 사라진 꼴이 되었다. 결국 해수면이 급속도로 상승했다. 사회적 혼란 때문에 과학적 자료 수집이 어려워졌지만, 몇몇 과학자들이 피해를 막을 수 없다는 사실을 깨닫고 적어도 기록이라도 남기려고 몸을 바쳤다. 그 뒤 20년 동안(2073~2093년) 빙하의 약 90퍼센트가 분리되고 무너지고 녹아 전 지구적으로 수면이 약 5미터 상승했다. 한편 남극 빙하보다 더 불안하다고 여겨졌던 그린란드 빙하도 붕괴되기 시작했다. 여름에 그린란드 빙하 중심까지 해빙이 일어나 동쪽 지대와 서쪽 지대가 분리되었다. 대규모 붕괴가 뒤따랐고 이로 인해 해수면이 2미터 더 상승했다.[29] 극지대에서 일어난 이 사건들을 '대붕괴'라고 부르는데, 오극지대에서 일어난 이 사건들을 '대붕괴'라고 부르는데 오늘날 학자들은 이에 뒤따른 사회·경제·정치·인구 분야의 붕괴도 뭉뚱그려 일컫는 넓은 뜻으로 사용하기도 한다.

늘날 학자들은 이 말을 이에 뒤따른 사회·경제·정치·인구 분야의 붕괴도 뭉뚱그려 일컫는 넓은 뜻으로 사용하기도 한다.

해수면이 8미터 상승하면 지구 인구의 10퍼센트가 이동해야 할 것이라는 예측이 있었다. 안타깝게도 틀린 예측이었다. 실제로는 20퍼센트에 가까웠다. 이 시기의 기록은 명확하게 남아 있지 않지만, 대이동 기간에 세계에서 15억 가까운 인구가 이동한 것으로 보인다. 해수면 상승 때문에 거주지가 사라졌기 때문이기도 하고 기후변화에 따른 다른 간접적 영향 때문이기도 했다. 해수면 변동 때문에 난민들이 대거 유입한 내륙 지역에서 원주민들이 2차 이동을 하기도 했다. 인구 이동으로 2차 흑사병이 창궐했다. 페스트균 변종이 유럽에서 발생하여 아시아와 북아메리카로 퍼진 것이다. 중세에 흑사병이 퍼졌을 때에는 유럽 일부 지역에서 인구의 절반이 희생되었는데, 2차 흑사병도 그에 견줄 만한 위세를 떨쳤다.[30] 혹독한 기후에 시달리던 동식물도 전염병에 스러졌다. 20세기에는 지구상 모든 종의 목록이 작성되지 않았기 때문에 정확한 통계를 구할 수는 없지만, 대략 60~70퍼센트의 종이 멸종되었다고 보아도 크게 틀리지 않다(반암흑기 과학자들이 이전까지 다섯 차례 대규모 멸종이 있었다고 기록했다. 다섯 차례 모두 급격한 온실가스 증가로 인한 것이었고 식별할 수 있는 종 가운데 60퍼센트에서 최대 96퍼센트까지를 멸절시켰다고 보았다. 이전의 대멸종은 대체로 반암흑기 후반 인류에 의해 일어난 대멸종보다 더 느린 속도로 진행되었으니, 반암흑기 멸종 비율을 60~70퍼센트로 추정하더라도 지나치지 않을 것이다).[31]

이때 일어난 인류의 비극을 여기에서 상세하게 되풀이할 필요는 없겠다. 처절한 고난의 이야기는 학교에서 충분히 들었을 것이다. 사회 · 문화 · 경제 · 인구의 총 손실이 인류 역사상 그 어느 때보다 컸다는 것만 밝혀두면 될 듯하다. 생존자들의 기록을 보면 많은 사람들이 인류의 멸종이 눈앞에 있다고 생각했음이 분명히 드러난다. 실제로 세이건효과가 계속되었다면 온난화가 11도에서 멈추지 않았을 것이고 온실효과 폭주runaway greenhouse effect(표면 온도와 대기의 불투명도가 양성 피드백을 일으켜 온실효과가 점점 강해져 대양이 끓어 없어지는 효과. 이 때문에 금성 온도가 태양에 더 가까운 수성보다 높다—옮긴이)가 뒤따랐을 것이다.

그런데 2090년 무렵에 (현재 남아 있는 기록에 정확한 날짜는 나와 있지 않다) 아직 내막이 분명히 밝혀지지 않은 어떤 일이 일어났다. 일본 유전공학자 이시가와 아카리가 광합성을 할 때 대기 중 이산화탄소를 기존 유형보다 훨씬 더 많이 흡수하고, 환경 조건을 가리지 않고 잘 자라는 지의류 진균을 개발했다. 파나리아 이시가와Pannaria ishikawa라고 이름 붙인 이 시커먼 이끼류를 이시가와 실험실에서 일부러 퍼뜨렸는데, 곧 일본 전역에 퍼지고 지구 다른 곳으로도 번져 육지 표면 대부분을 덮었다. 20년이 지나자 지구의 풍경이 눈에 띄게 바뀌었다. 대기 중 이산화탄소 양도 상당히 줄어들어 지구의 대기 상태와 사회 · 정치 · 경제가 회복의 길로 접어들 수 있게 되었다.

일본 정부는 공식적으로는 이시가와의 단독 행동이라고 주장하며 이시가와를 범죄자로 취급했다. 그렇지만 일본 시민들은 이시가와를 정부가 할 수 없었던 혹은 하지 않으려 했던 일을 해낸 영웅으로 본다. 중국 연구자들은 대체로 두가지 관점을 모두 부인하며 일본 정부가 이산화탄소 배출을 줄이려고 노력했으나 실패하자 이시가와를 지원하는 한편, 결과를 알 수 없는 위험한 실험을 못 본 척한 것이라고 주장한다. 미국, 러시아, 인도, 브라질과 취리히를 기반으로 한 국제 금융가 연합이 이 실험의 배후에 있다고 하는 이들도 있다. 진상이 무엇이건 간에 이시가와가 한 일 덕분에 대기 중 이산화탄소의 증가세는 획기적으로 둔화되었다.

또 인류에게는 매우 다행스럽게도 '대극소기grand solar minimum'(태양의 주기에 따라 태양의 활동이 극소화되는 시기가 오래 지속되는 현상—옮긴이)가 시작되어 22세기에 태양 복사에너지가 0.5퍼센트 줄었다. 덕분에 축적된 이산화탄소가 미친 영향 일부가 상쇄되었고 한 세기 동안 지표와 해양 온도 상승이 늦추어졌다. 이 시기에 북부 유럽 내륙, 아시아, 북아메리카, 남아메리카의 내륙과 고원 지역 등에 남아 있던 생존자들은 사회를 재정비할 수 있었다. 오스트레일리아와 아프리카는 사람이 살지 않는 지역이 되었다.

3
문명 붕괴의 역사적 분석, 시장의 실패

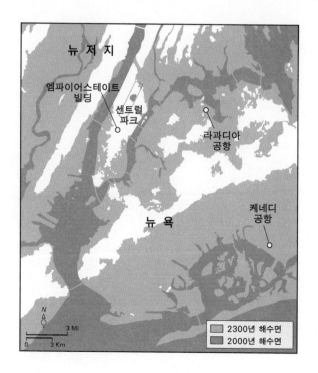

24세기의 뉴욕시

뉴욕은 한때 세계 금융의 중심지였으나 21세기 초부터 최첨단 초일류 도시를 바다로부터 지키기 위해 싸워야 했다. 그렇지만 애초에 꾸준히 빠른 속도로 높아지는 해수면에 쉽게 대응할 수 있게 설계된 도시가 아니었다. 네덜란드처럼 뉴욕시도 조금씩 싸움에서 패하고 물러났다. 수세기 동안 투자한 자본을 포기하고 고지대로 후퇴하는 편이 차라리 돈이 덜 드는 방법이었다.

인류사에서 가장 비극적인 이 시기를 연구하는 역사가들이 가장 충격적으로 느끼는 점은 희생자들이 어떤 일이 왜 일어나는지를 알았다는 사실이다. 그들은 화석연료 연소가 원인이라는 사실을 알았기 때문에 이에 관해 자세하고 명확한 자료를 남겨놓았다. 또한 이들이 점차적으로 재생가능 에너지로 전환할 수 있는 기술과 능력을 갖추었음에도 불구하고 제때에 이 기술을 활용하지 않았다는 것이 역사적 분석으로 드러났다.[1] 중대한 역사적 사건이 대개 그렇듯, 왜 이런 비극이 일어났는지에 대해 간단하게 답하기는 어렵다. 하지만 두드러지게 중요한 요소가 2가지 있다. 이 분석에서는 서구 문명이 실증주의와 시장근본주의라는

2가지 이데올로기의 제약에 묶여버렸음을 밝히고자 한다.

20세기 과학자들은 스스로를 실증주의라는 경험주의 철학 전통의 후예로 생각했다. 실증주의는 19세기 프랑스 철학자 오귀스트 콩트가 발전시킨 '실증적' 지식이라는 개념에서 나온 것이다. 그렇지만 전체적 철학은 베이컨식 귀납법이라고 하는 게 더 정확하다. 경험, 관찰, 실험을 통해 자연세계에 대한 타당한 지식을 얻을 수 있으며, 이러한 지식은 지식을 가진 자에게 힘을 준다는 철학이다. 경험을 통해 보았을 때 앞부분은 옳다고 볼 수 있으나 (20세기 과학자들이 기후변화가 어떤 결과를 가져올지 옳게 예측했다는 것은 앞에서 이야기했다) 두 번째 부분(지식이 힘이 된다는 것)은 꼭 그렇지 않은 것으로 드러났다. 20세기 후반, 21세기 초반에 수십억 달러를 들여 기후 연구를 했지만 이렇게 해서 얻은 지식은 경제·기술 정책에 거의 영향을 미치지 못했고, 화석연료가 정책적으로 힘을 받고 계속 생산·소비되었기 때문이다.

이 시기의 중요한 특징은 기후에 대한 지식이 있는 사람의 손에 힘이 있는 게 아니라 화석연료를 계속 사용함으로써 큰 이익을 얻을 수 있는 정치·경제·사회집단에 힘이 있었다는 점이다. 역사가들은 이 집단을 탄소연소 복합체라고 불렀다. 화석연료 생산업계, 에너지 회사의 하청 산업계(시추, 채유 회사, 대규모 건설사), 값싼 에너지를 기반으로 하는 제조업계(특히 자동차, 항공업계, 알루미늄 등 금속 제련 · 처리 업체), 광고업계, 제품을 유통하고 판매하는 회사 등으로 이루어진 강력한 산업 네트워크를 가리키는 말이다. 이들은 탄소연소 복합체를 유지해야 이익이 되기 때문에 '두뇌집단' 을 구성하여 자신들에게 위협이 되는 과학적 지식에 의문을 제기하며 기후변화라는 현실을 은폐했다.[2] 신문에는 기업의 두뇌집단에 고용된 연구원들의 주장이 기후 전문가의 의견인 양 대학이나 정부 소속 과학자들의 주장과 나란히 실리곤 했다. 그러다 보니 사람들은 이 점이 아직 과학적으로 명확해지지 않았다는 느낌을 받게 되었고, 따라서 행동에 나서야 할 때가 되었다는 생각이 약해지고 흔들렸다.[3] 한편 과학자들은 자기들이 정치적 발언을 하는 것은 (혹은 사안의 긴급성을 알리기 위해서 격한 감정을 담아 말하는 것은) 적절하지 못하다고 생각했다. 또한 자신들이 확실한 과학적 정보를 충분히 제공하고, 차분히 뚜렷하게 설명하기만 하면 세상이 재앙을 피하기 위해 행동을 취할 것이라는 순진한 믿음을 갖고 계속 연구에 몰두했다.

반면 강한 저항을 예상하고 자기들이 아는 바를 더 잘 전달하려고 고군분투한 과학자들도 꽤 있었다.[4] 덜 환원적인 방식의 연구 구조를 만들어서 더 넓은 패턴을 분석하고 자연계와 사회체계 사이의 상호작용을 연구하려 한 사람들도 있었다. 이들이 어느 정도 성과를 내긴 했지만 서구 사회는 이런 지식을 받아들이기보다 강력한 힘을 행사하던 이데올로기적 체계를 더 앞세웠다. 당시 사람들도 이 체계에 사람들이 거의 종교적인 믿음을 품었음을 인식해서 시장근본주의라는 이름을 붙였다.

시장근본주의는 자유시장 근본주의, 신자유주의, 자유방임경제, 자유방임 자본주의 등 다양한 이름으로 불리는데, 크게 두 갈래의 주장으로 이루어진 이데올로기 체계다. 첫 번째 주장은 자유시장 경제체제가 사회적 요구를 가장 효율적으로 충족시킬 수 있다는 것이다. 시장의 '보이지 않는 손'의 인도에 따라 개인은 자유롭게 각자의 필요에 따라 행동하며 해결책('공급')과 필요('수요') 사이에 균형이 이루어진다.

두 번째 주장은 자유시장은 재화에 대한 수요를 충족시키는데 가장 좋은 방법일 뿐 아니라, 개인의 자유를 해치지 않고 그렇게 할 수 있는 유일한 방법이라는 것이다.

두 번째 주장의 핵심은 시장이 '분산된 권력'을 뜻한다는 믿음이다. 다양한 개인이 자유롭게 선택하며 권력을 행사하므로 중앙정부에 부당하게 권력이 집중되지 않는다. 다시 말해 중앙집중 계획경제체제에서는 경제권력만 중앙에 집중되는 것이 아니라 정치권력도 마찬가지로 중앙에 집중된다. 따라서 개인의 자유, 정치·사회·종교·예술적 자유를 보호하려면 경제적 자유를 지켜야 한다는 것이다. 이런 철학을 신자유주의라고도 부르는데 뿌리는 18, 19세기 계몽주의 시대의 자유주의에 있다. 특히 애덤 스미스, 데이비드 흄, 존 로크, 그리고 조금 뒤의 존 스튜어트 밀의 사상 등에 영향을 받았다. 이 사상가들은 당대 서양의 지배적 정치형태인 왕정에 반발하며, 불공정하고 독단적이고 무능한 전제군주에 의한 통치 대신 개인의 자유를 드높였다. 전제왕정을 대신할 정치제도를 꿈꿀 때였으니 그러려면 당연히 개인의 권리를 드높여야 한다고 생각했던 것이다. 18세기 후반에 이런 사상이 미국 건국과 프랑스혁명 초기 '자유주의' 단계에 영향을 미쳤다. 사실 이때에도 이런 사상은 실제로 이루어졌다기보다는 이상에 가까웠다. 18세기 후반에 제정된 미합중국 헌법은 인종에 따른 노예제를 유지하고 그것을 인정했다. 19세기 중반에 노예제를 폐지하기는 했지만, 인종에 따른 경제적·사회적 분리는 그 뒤로도 한 세기 이상 계속되었다. 유럽에서는 프랑스혁명이 학살과 공포정에 무너지고 결국 나폴레옹 보나파르트가 독재정을 회귀시키고 말았다.

19세기에는 기업가들에게 권력이 집중되며('악덕 자본가', 독점자본, '트러스트' 등) 약한 정부를 지향하는 자유주의의 개념에 의문이 제기되었다. 독일 철학자 카를 마르크스는 자본주의체제의 본질은 부와 권력이 지배계급에 집중되어 노동자들이 생산한 잉여가치가 자본에 흡수되는 것이라고 했다. 기업가들은 노동자들을 혹독하고 폭압적인 환경으로 몰아넣었을 뿐 아니라(19세기 '악마의 공장') 뇌물과 부당 행위 등을 통해 민주적 과정을 변질시키고 다양한 방식으로 시장을 왜곡했다. 그 강력한 예로 미국 철도의 확대를 들 수 있다. 정부로부터 대폭 지원을 받아 '빈 땅으로 가는 길'을 공

급하며 원주민을 내쫓고, 미국 서부의 자연을 파괴하면서 수요를 만들어냈기 때문이다.[5]

당시 여러 민족국가(러시아, 중국, 베트남, 가나, 쿠바 등) 지도자들이 마르크스의 영향을 받아 대안적 경제·사회체제로 공산주의를 택했다. 한편 자본주의 미국은 노예제를 폐지하고, 부의 집중으로 인해 힘이 편중되고 자유를 잃는 상황을 개선하기 위한 조치를 취했다. 연방정부에서 독점을 막기 위해 반트러스트법을 도입하고, 노동시간 제한이나 아동 노동 금지 등의 법안으로 노동자를 보호하고, 누진소득세를 부과하는 등의 개혁을 했다. 20세기 초에 이미 순수한 이론적 형태의 자본주의는 있을 수 없으며, 있어서도 안 된다는 것이 분명해졌다. 한계가 너무 뚜렷했던 것이다. 지식인들은 이제 마치 신의 손처럼 여겨지던 '보이지 않는 손'을 유사종교나 다름없는 허황된 생각이라고 보았다. 1930년대에는 대공황이 덮쳤고 유럽과 미국은 2차대전이라는 전시체제를 거치고서야 공황에서 벗어날 수 있었다. 이런 경험을 통해 학자들과 정치지도자들은 스스로 조절하는 시장이라는 생각은 허구라고 생각하게 되었다.

2차대전 종전 뒤 대부분 비공산주의 국가에서는 개인과 기업에 자유를 주면서 정부가 세금, 관세, 보조금, 은행과 거래 규제, 이민 통제 등으로 시장에 개입하는 '혼합' 경제를 시작했다.[6]

한편 유라시아 넓은 지역과 아프리카·라틴아메리카 일부 지역에 퍼진 공산주의는 자본주의보다 더한 실패로 드러났다. 공산주의 경제는 재화와 용역을 분배하는 데 극도로 비효율적이었다. 처음에는 정치적으로는 다수에 권력이 있다고 했지만 곧 전제적이고 폭압적인 독재정권이 들어서고 말았다. 이오시프 스탈린 치하의 소련에서 수천만 명이 숙청되거나 강제 협동농장에 수용되는 것과 같은 폭력에 희생되었다. 중화인민공화국에서도 급속한 산업화 정책인 마오쩌둥의 '대약진운동'으로 수천만 명이 사망했고 '문화대혁명' 기간에도 무수한 사람들이 목숨을 잃었다.[7]

2차대전이 끝나고 러시아 공산주의의 유령이 동유럽에 (서유럽에도 일부) 퍼져 미국의 시장에 영향을 미치고 서구가 다시 공황에 빠질지도 모른다는 불안감이 생겼다. 그래서 미국은 소련이 확장되는 것에 강경하게 반대 입장을 취했다.

반대로 소련은 역사적으로 늘 위협이 되었던 서유럽을 견제하기 위해 동유럽을 정치적으로 장악하고 통제했다. 이로 인해 냉전(1945~1989)이 시작되었고 경제체제에 대한 시각도 양극화되었다. '공산주의자' 들은 자본주의체제의 타락을 비난하고 '자본주의자' 들은 공산정권의 독재와 폭압을 비난했다(그러나 실제로는 양쪽 체제 모두 순수하게 공산주의나 자본주의가 아니었음을 알아두자). 동유럽에서 끔찍한 국가 폭력이 벌어졌기 때문에 많은 서구 지식인들이 공산주의와 관련된 모든 것을 악한 것으로 바라보게 되었다. 심지어 누진세나 환경 규제 같은 온건하고도 꼭 필요한 시장 개입이나, 건강 관리나 인구 조절 같은 인도주의적 개입조차 같은 취급을 받았다.

여러 사상가들이 신자유주의를 발전시켰다. 특히 오스트리아 학자인 프리드리히 폰 하이에크, 미국의 밀턴 프리드먼이 대표적이다. 이들은 억압적인 중앙집중정부에 특히 예민하게 반발했다. 폰 하이에크의 『노예의 길Road to Serfdom』과 밀턴 프리드먼의 『자본주의와 자유Capitalism and Freedom』[8]가 신자유주의의 핵심인 '신新' 이라는 요소를 발전시켰다. 자유시장체제가 개인의 자유를 위협하지 않는 유일한 경제체제라는 생각이다. 처음에 신자유주의는 소수의 의견이었다. 1950년대와 1960년대 서양은 전반적으로 호황을 누렸고 나라마다 자기네 문화와 실정에 걸맞은 혼합경제를 발전시켰다. 하지만 1970년대 후반부터 1980년대에 접어들자 사정이 달라졌다. 경제가 침체기에 접어든 것이다. 경제가 악화되자 영국의 마거릿 대처와 미국의 로널드 레이건을 비롯한 서방 지도자들은 해결책을 찾기 위해 신자유주의에 눈을 돌렸다. 프리드먼은 레이건 대통령의 정책자문이 되었다. 1991년 폰 하이에크는 조지 H. W. 부시 대통령에게 대통령 자유 훈장을 받았다.[9]

이 이야기에서 얄궂은 점은 프리드리히 폰 하이에크 자신은 과학을 무척 존중하고 높이 샀다는 사실이다. 폰 하이에크는 과학을 자본주의의 역사적 동반자로 바라보았다. 폰 하이에크는 과학과 산업이 밀접하게 결합하여 상업을 일으켰기 때문에 자본주의가 싹 트고 정치적 자유가 자라날 수 있었다고 했다. 20세기 중반에 정부가 과학 탐구를 지원해야 한다고 주장한 사람들도 같은 관점이었다.[10] 그렇지만 환경 연구를 통해 인류와 자연환경을 보호하려면 정부가 행동에 나서야 한다는 사실이 드러나자, 탄소연소 복합체에서는 과학을 어떤 수단을 동원해서라도 싸워야 할 적으로 취급했다. 미국에 2차대전 승리를 가져다주고 냉전 시대에 우위를 점할 수 있게 해주었던 과학이 이제 의심과 감시와 공격의 대상이 되었다(공산국가에서도 정치적 이데올로기와 충돌한다는 이유로 과학이 공격을 받았다).[11] 냉전 종식(1989~1991)은 억압적인 소비에트식 통치의 굴레 아래에서 살았던 시민들에게 축하할 일이었다. 제1중화인민공화국에서도 더디게나마 밀린 개혁이 시작되었다. 한편 서양 사람들에게는 소련의 몰락이 자본주의의 절대적 승리이자 자본주의체제가 단연코 우월하다는 증거로 받아들여졌다. 심지어 어떤 사람들은 자본주의가 우월한 체제라면 가장 순수한 형태의 자본주의가 최선이라고 주장하기도 했다. 경제학자들과 지식인들 가운데에도 이런 생각을 하는 사람이 있었겠지만, 이런 생각을 가장 널리 퍼뜨리고 선전한 이들은 규제가 사라진 시장에서 큰 기회를 포착한 기업가, 금융업자들이었다. 그리하여 1990년대와 2000년대에는 규제를 철폐하자는 움직임이 일

환경 연구를 통해 인류와 자연환경을 보호하려면 정부가 행동에 나서야 한다는 사실이 드러나자, 탄소연소 복합체에서는 과학을 어떤 수단을 동원해서라도 싸워야 할 적으로 취급했다. 미국에 2차대전 승리를 가져다주고 냉전 시대에 우위를 점할 수 있게 해주었던 과학이 이제 의심과 감시와 공격의 대상이 되었다.

었고 이로 인해 소비자, 노동자, 환경보호 운동은 힘을 잃었다. 제2의 도금시대(도금시대Gilded Age는 미국 남북대전 종전 뒤 1893년 불황이 오기 전까지 경제가 호황을 누리고 독점자본이 형성되던 시기를 가리키는 말이다. 부의 편중이 심해지는 현재를 두고 토마 피케티와 폴 크루그먼 등이 '제2의 도금시대'가 오고 있다고 말한다—옮긴이)에는 19세기 이래 최대로 권력과 자본이 편중되는 현상이 일어났다. 이렇게 축적된 자본의 일부는 신자유주의 사상을 전파하는 두뇌집단을 지원하는 데 쓰였다(또 나머지는 화석연료 생산에 재투자되었다). 더욱 중요한 사실은 신자유주의 사고를 따르다 보니 자본주의의 가장 큰 한계를 인정하지 못하게 되었다는 것이다. 그 한계란 바로 시장의 실패였다.

과학자들이 지구의 '하수구'에 한계가 있다는 것을 알아

차렸을 무렵, 시장의 실패
도 드러났다. DDT의 독성,
산성비, 오존층 파괴, 기후
변화는 시장이 곧바로 해결

DDT의 독성, 산성비, 오존층
파괴, 기후변화는 시장이 곧
바로 해결책을 내놓을 수 없
는 심각한 문제들이었다.

책을 내놓을 수 없는 심각한 문제들이었다. 시장이 아니라
정부의 개입이 필요했다. 해로운 제품의 시장가격을 올리고,
이런 제품 판매를 금지하고, 대체품 개발을 촉진해야 했다.
그렇지만 신자유주의자들이 중앙집권이라면 치를 떠는 바람
에 스스로 이러한 문제를 해결할 수 없는 처지에 빠지고 말
았다. 미국 대통령 로널드 레이건(1980~1988년 재임)의 말을
빌면 미국인들은 정부는 "해결책이 아니라 문제"라고 생각하
게 되었다. 시민들은 현상을 부인하는 상태에 빠져 수동적이
되었고, 과학은 불확실하다는 억지논리를 받아들였다. 대중
의 지지가 없으니 정부 지도자들도 탄소중립 에너지 기반 사
회로의 전환을 이끌 수 없었다. 그러다가 기후가 걷잡을 수
없이 혼란을 일으키고 논의의 여지없이 시장 실패가 명백해
지자 과학자들이 비난의 대상이 되었다. 과학자들이 일으킨
문제도 아닌데 재앙을 기록해왔다는 이유로 비난을 받은 것

이다.

기후변화가 일어나기 전에나 일어나기 시작한 뒤에 줄곧 위험성을 경고한 사람들도 있었는데, 핵심은 과학자들이었다(생존자들은 이 과학자들의 노력을 기리는 뜻으로 이들의 이름을 가운데 이름으로 삼기도 했다). 예술가들도 경고의 징후를 무시하는 현실을 간파했다. 20세기 중반 캐나다 음악가 레너드 코언은 "우리는 징표를 요구했지. 징표가 보내졌어"라는 노래를 불렀다. 사회학자들은 정보를 무시하는 경향이 심해지는 현상을 설명하려고 "이른 경고, 때늦은 교훈"이라는 개념을 도입했다. 이런 문제를 해결할 방안으로 이른 행동으로 나중의 피해를 막자는 사전예방원칙이란 것을 주장했다. 사전예방원칙은 "유비무환"이니 "치료보다 예방이 낫다"는 등 과거의 금언에 담겨 있던 상식을 형식화한 것이다. 이렇게 대비를 강조하는 오래된 지혜와 상식이 있었지만, 계획을 적대시하고 사회 문제가 발생하면 시장이 해결할 것이라며 시장의 힘을 과신하는 신자유주의적 사고 속에

> 사전예방원칙은 "유비무환"이니 "치료보다 예방이 낫다"는 등 과거의 금언에 담겨 있던 상식을 형식화한 것이다.

서 사라지고 말았다(시장에 대한 이들의 믿음이 어쩌나 강했던 지, 아직 일어나지 않은 미래 사건의 비용을 무언가의 총 가격에 추정해서 포함시키면 문제를 미리 해결할 수 있다고까지 생각했다. 혐오해 마지않는 '계획'을 하지 않아도 된다고 생각하게 만드는 허황된 환상의 대표적 예다). '경제'라는 단어는 본디 가정관리(oikos, '집'과 nomos, '법칙' 또는 "규범")라는 고대 그리스의 개념에 뿌리가 있는데, 정작 반암흑기의 경제학은 얄궂게도 새로운 에너지체제로 전환하는 과정을 관리한다는 당면과제를 다루지 못했다. 에너지 사용을 관리하고 온실가스 방출을 통제한다는 생각은 이 중요한 시점에 경제학계를 주도했던 신자유주의 경제학자들에게는 저주나 다름없는 것이었다. 그리하여 어떤 계획도 수립되지 않았고 어떤 예방조처도 취해지지 않았다. 결국 관리라고 해봤자 이미 닥친 위기를 관리하는 것뿐이었다.

통찰력 있는 신자유주의자들은 자유시장이 실제로는 자유롭지 않다는 것을 인정했다. 사실은 사방에서 개입이 있었다. 일부는 화석연료 보조금을 폐지하고 '탄소' 시장을 만들자고 했다.[12] 어떤 사람들은 정당한 개입도 있음을 인정했다.

폰 하이에크도 정부 개입 자체에 반대하지는 않았다. 1944년에 이미 폰 하이에크는 마땅히 정부가 개입해야 할 부분이 있으므로 '자유방임'이라는 말은 오해의 소지가 있으니 폐기해야 한다고 했다. 그는 "경쟁을 사회조직의 원칙으로 삼으면 경제생활에 어떤 종류의 강제적 간섭이 일어나는 것을 막게 되지만, 어떤 간섭은 있을 수 있고 심지어 필요하기도 하다"라고 썼다. 폰 하이에크가 정당한 간섭이라고 본 것은 도로 표지판 비용, "삼림 파괴나 농경으로 인한 악영향, 공장의 소음과 매연" 등을 막는 것, 독성물질 사용 금지, 노동시간 제한, 작업장 환경 위생 규제, 중량·계측 관리, 과격 파업 방지 등을 포함한다.[13] 폰 하이에크는 정부가 이런 역할을 하는 과정에서 특정 집단이나 개인의 자유를 선별적으로 제한하려면 이런 개입을 하는 당위가 뚜렷하고 확실해야 한다고 생각했다. 지금까지 이야기한 사건들을 생각해볼 때, 인간의 생존이 달려 있는 자연환경 보호에 마땅히 정부가 나섰어야 하는데, 20세기에는 어떻게 이에 반대하는 주장을 할 수 있었는지 납득하기가 어렵다. 심지어 이런 주장이 공공영역의 지배 담론이 되기까지 했다.

이 시대 최대의 역설은, 개인의 자유를 무엇보다도 중요시했던 신자유주의가 결국 정부가 대규모로 개입할 수밖에 없는 상황으로 이끌었다는 점이다. 고전 자유주의의 핵심은 개인의 자유라는 개념이었고, 18세기에는 대부분 사람들이 경제적으로나 다른 어떤 면에서나 정말 자유가 없이 살았다. 그렇지만 20세기 중반에는 상황이 크게 달라졌다. 노예제는 19세기에 공식적으로 폐지되었고 군주제 같은 전제주의는 점점 다양한 형태의 '자유' 민주주의로 대체되었다. 서양에서는 개인의 자유가 (공식적으로나 비공식적으로나) 아마 폰 하이에크가 집필 활동을 하던 무렵이나 그 직후 즈음에 정점에 다다랐을 것이다. 20세기 말이 되자, 시민들은 여전히 투표권, 사상과 표현의 자유, 노동과 여행의 자유 등 형식적 권리를 갖추고 있었으나 실천할 수 있는 자유는 점점 줄어들었다. 먼저 경제권력이 이른바 '1퍼센트' 소수 엘리트층에 집중되었다. 이후에 기후변화 때문에 해수면 상승, 사막화가 진행되어 시민들이 주거지를 옮길 수밖에 없게 되고, 전염병을 통제하고 기아를 막기 위해 국가의 절대적 개입이 필요하게 되자 정치 특권 계층이 막강한 권력을 쥐었다. 그리하여 신자유주의자들이 가장 두려워하던 사태가 벌어졌다. 강력한 중앙정부가 들어서고 개인의 선택이 사라진 것이다. 그것도 바로 그들이 택한 정책 때문에 그렇게 되었던 것이다.

대붕괴 300년, 인류는 아직도 갈 길이 멀다

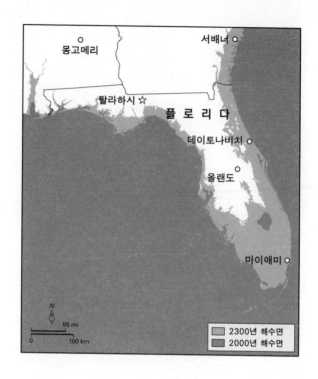

지도 범례:
- 2300년 해수면
- 2000년 해수면

지명: 몽고메리, 서배너, 탈라하시, 플로리다, 데이토나비치, 올랜도, 마이애미

과거 미국의 일부였던 플로리다 주

플로리다는 역사의 역설 가운데 하나가 되었다. 20세기 후반 플로리다 주민들은 에버글레이즈라고 하는 해수면 높이의 거대한 습지가 도시화되고 담수가 상수나 농업용수로 이용되는 것을 막기 위해 대규모 습지 보호 프로젝트를 벌였다. 그렇지만 21세기 해수면 상승 예상 최저치만 보더라도 이런 노력이 바닷물 범람으로 아무 의미 없는 일이 되리라는 게 분명했다. 결국 플로리다에서 에버글레이즈는 물론이고 주요 도시들도 여럿 물밑으로 사라졌다.

대붕괴로 인한 끔찍한 재앙이 발생하기 시작했으나, 민주정부가 들어선 민족국가들에는 (의회제이든 대통령제이든) 위기에 대응할 의지도 능력도 없었다. 식량이 부족해지고 전염병이 퍼지고 해수면이 상승하는데도, 정부는 방역을 하고 사람들을 이주시킬 기반 시설이나 조직력조차 부족했다.

하지만 중국은 사정이 좀 달랐다. 다른 공산국가들처럼 중국도 자유화의 과정을 밟았으나 중앙정부가 여전히 강한 권력을 갖고 있었다. 해수면이 높아져 해안 지역이 범람 위기에 처하자 중국은 신속하게 내륙에 도시와 마을을 건설해 2억 5,000만 명이 넘는 사람들을 더 높고 안전한 곳으로 이

주시켰다.[1] 쉬운 일은 아니었다. 이 과정에서 버티지 못한 노인들, 영유아들이 꽤 많았다. 그래도 생존율이 80퍼센트를 넘었다. 역사의 결정적 아이러니라고 할 수 있는 일은, 중국이 기후변화로 인한 재앙을 잘 이겨냈으므로 중앙집권정부가 필요하다고 입증된 것마냥 그것을 받아들이게 되었다는 점이다. 그리하여 제2중화인민공화국(신공산주의 중국이라고도 불렸다)이 설립되었고 다른 나라들도 재건 과정에서 비슷한 체제를 도입했다. 신자유주의자들은 예측에 따른 행동을 하지 못함으로써 신자유주의체제의 치명적인 약점을 드러냈을 뿐 아니라, 결국 가장 혐오하는 통치형태가 들어서게끔 하는 빌미를 제공했다.

마침내 기후가 정상을 되찾은 오늘날, 학자들은 탈중심화, 재민주화를 생각해야 하지 않느냐를 두고 열띤 토론을 벌인다. 많은 학자들이 과거의 위대한 사상가들의 정신을 되살려 이런 문제를 자유롭게 토론할 수 있게 되기를 바란다. 어떤 사람들은 과거의 끔찍한 일들을 떠올려보면 민주화는 지나치게 낙관적인 희망이라고 생각한다. 이 글을 통해 우리가 제기하고 싶은 재평가가 시기상조라고 말하는 이들도 있다. 반암흑기가 오늘날에도 끝나지 않았다는 것은 분명하다. 앞으로도 한참, 수십, 어쩌면 수백 년 동안 계속될지 모른다.

미래사회에서 본 옛날 용어 사전

공산주의communism

유럽 산업혁명기 초기에 태동한 정치 이데올로기로 노동자의 권리를 자본가와 경영자보다 우선시했으며 시장의 힘보다 국가의 계획을 우선시했다. 20세기 초중반에 주로 유라시아 대륙에서 사회체제로 채택했으나 경제적 실패와 정치적 부패, 인권 경시 등의 문제가 불거져 20세기 후반에는 대부분 국가에서 버렸다. 그렇지만 신공산주의라는 수정된 형태로 다시 부활했다. 대붕괴 위기에 대응하기 위해 정부가 적극 개입하는 것이 이 체제의 핵심이다.

대공황Great Depression

미국과 영국에서 1929년에서 1941년까지 시장의 전반적 실패, 디플레이션, 대량실업 사태가 일어난 시기로, 도금시대와 2차대전 사이의 기간이다. 규제되지 않은 금융시장이 무너지면서 대공황이 촉발되었기 때문에 자본주의 이론에 의문이 제기되었다. 그 뒤 반세기 정도 유럽과 북아메리카에서는 시장 자본주의의 사회적 비용을 덜기 위해 사민주의 정책을 일부 받아들였다. 그러나 20세기 후반이 되자 대공황의 교훈은 잊히고 곳곳에 마련해 두었던 보호장치가 사라졌으며 (화석연료 연소를 동력으로 하는) 광란적 소비주의가 뒤를 따랐다.

반암흑기|Period of the Penumbra

계몽을 이루었다는 서양의 기술과학 국가들에 20세기 후반부에 드리운 반지성주의의 그림자. 이 때문에 과학적 지식에 따라 행동하지 못했고 21세기 후반과 22세기에 침수와 사막화라는 재앙을 초래했다.

베이컨주의 Baconianism

영국의 법률가 프랜시스 베이컨 경(1561~1626)에게서
비롯되었다고 하는 철학으로 경험, 관찰, 실험을 통해 자연
세계에 대해 믿을 만한 지식을 얻을 수 있고 이 지식이 지식
을 가진 사람에게 힘을 준다는 것이다. 베이컨주의의 오류는
20세기 후반과 21세기에 과학자들이 기후변화에 대한 뚜렷
한 지식이 있었음에도 의미 있는 행동을 이끌어낼 수 없었다
는 점에서 뚜렷이 드러난다.

보이지 않는 손 invisible hand

18세기에 유행했던 신비주의적 사고다. 자본주의체제의
시장은 보이지 않고 실재하지 않는 힘의 작용에 의해 '균형'
을 이룬다는 생각이다. 따라서 시장은 반드시 효율적으로 작
동해 인간의 필요를 충족시킨다. 보이지 않는 손에 대한 믿
음이 ('시장의 보이지 않는 손'이라고도 불린다) 자본주의에 대
한 반≠종교적인 신봉의 바탕이 되었다("자본주의", "외부비용",
"시장의 실패", "시장근본주의" 항목 참조).

빙권cryosphere

지구 표면에서 과거에 얼어 있던 부분. 빙하, 빙상, 해빙,
육지의 영구동토층 등.

사전예방원칙precautionary principle

"첫째로, 해를 입히지 마라." 고대 그리스 의사 히포크라
테스가 남겼다는 가르침이다. 인간의 생명과 건강을 보호하
기 위한 모든 정책의 근간이 되는 원칙이다.

세이건효과sagan effect

1959년 미국 천문학자 칼 세이건은 금성의 표면 온도가
녹은 납보다 더 뜨거운 까닭이 온실효과 때문이라고 지적했
다. 2000년대에 인간의 활동으로 인해 지구온난화가 시작되
자 세이건효과라는 용어가 지구의 온실효과를 가리키는 데
쓰였다.

시장근본주의market fundamentalism

규제되지 않은 시장이 다른 어떤 사회 · 경제체제보다

우월하다는 반反종교적 신조("보이지 않는 손" 항목 참조). 반암흑기에 시장근본주의는 시장의 실패를 부인했고 따라서 이미 진행 중이던 기후변화를 인정하지 못하여 재앙을 가져오는 데 핵심 역할을 했다.

시장의 실패market failure

시장경제가 개인과 사회에 부과하는 사회적·개인적·환경적 비용을 '시장의 실패'라고 부른다. 일찍이 자본주의 이론의 한계를 인식하며 이런 개념이 나왔다("외부비용", "보이지 않는 손" 항목 참조).

실증주의positivism

19세기 프랑스 사회학자 오귀스트 콩트가 제시한 철학으로 프랜시스 베이컨, 피에르 시몽 라플라스Pierre-Simon de Laplace(1749~1827. 프랑스의 수학자. 수리 물리학 발전에 엄청난 공헌을 했다. 라플라스 변환, 라플라스 방정식 등에 그의 이름이 남아 있다―옮긴이) 같은 초기 사상가, 이후에는 에른스트 마흐 Ernst Mach(1838~1916. 오스트리아의 물리학자. 실증주의의 입장에

선 독자적인 인식론을 개척하였다. 초음속 제트기 등에 관한 연구
도 있었으며 속도를 나타내는 단위 '마하 수'는 그의 이름에서 따온
것이다—옮긴이)와 A. J. 에이어Alfred Jules Ayer(1910~1989. 영국
의 논리실증주의의 대표적 철학자—옮긴이) 등이 발전시켰다.
관찰을 바탕으로 한 지식만이 믿을 만하다고 강조했다. 관찰
로 검증될 수 없는 진술은 '실증적 지식' 혹은 과학의 범위
밖에 있다고 간주했다. 따라서 형이상학이나 종교적 주장은
과학적 지식의 범주를 벗어난다. 논리실증주의자들은 (경험
론자라고도 불린다) 이 문제의 언어적 속성에 주목하여 관찰을
진술하는 중립적 수단을 찾는 데 매달렸다. 20세기에는 이
용어가 거의 정반대의 입장과 연결되어 혼란을 일으키기도
한다. 과학적 이론은 어떤 일이 있더라도 반드시 믿어야 한
다는 입장이다. 그래서 과학자들은 자기 이론이 진리임을 확
고하게 믿는다고 비난을 받기도 했다. 진정한 실증주의자라
면 이 이론의 기반이 된 관찰(혹은 관찰의 진술)만이 진리라고
믿어야 할 텐데 말이다.

온실가스greenhouse gases

수증기, 이산화탄소, 메탄, 아산화질소 등 적외선 복사열이 우주로 방출되지 못하게 가두어서 지구의 온도를 높이는 기체다.

외부비용external costs

자본주의 경제체제에서 ('자본주의', '보이지 않는 손' 항목 참조) 재화와 용역의 가격은 시장이 얼마만큼을 지탱하느냐(다른 말로 하면 소비자들에게 돈을 지불할 용의와 능력이 얼마나 있느냐)에 달려 있다. 생산, 운송, 판매와 관련된 사회적, 생물학적, 물리적 비용은 고려되지 않는다. 가격에 반영되어 있지 않은 이런 추가비용을 '외부비용'이라고 부른다. 시장 외부 요인이자 이 시장이 작용하는 경제체제의 밖에 있다고 생각되기 때문이다("시장의 실패" 항목 참조). 이 시대 경제학자들은 이 '외부' 환경이 제공하는 자원 없이는 경제가 성립할 수 없다는 사실을 받아들이지 못했다.

인류세Anthropocene

1750년 무렵 산업혁명 발발부터 시작하는 지질학적 시대. 이때부터 인간의 활동이 지구물리학, 지구화학, 생물학적 과정과 경쟁하여 압도하기까지 하며 지질에 영향을 끼쳤다.

자본주의capitalism

사회경제체제의 하나로 16세기부터 20세기까지 서유럽과 북아메리카를 지배했다. 이 체제에서는 생산수단과 분배된 재화·용역을 개인이나 정부가 법적으로 허가한 '법인'이 소유한다. 법인은 주로 이윤을 위해 활동하며 노동자들이 생산한 잉여가치는 소유주, 경영자, '투자자'들에게 돌아간다. 투자자란 회사의 '주식'을 소유하지만 회사의 부채나 사회적 행위에 대해서는 책임지지 않는 제3자를 말한다. 노동과 소유를 분리하자 극소수의 엘리트에게 부가 집중되었고 이들은 부에서 나오는 권력을 이용해 정부에 영향을 미쳐 법률과 규제를 자기들에게 더욱 유리한 쪽으로 바꿀 수 있었다. 이 시대에는 자본주의가 '창조적 파괴 과정'을 동력으로 움직인다는 생각이 널리 퍼져 있었다. 결국 자본주의는 기후가 급속하게 교란되자 속수무책으로 무너져 내리고 말았다.

자연과학자 physical scientists

18세기 자연철학에서 발전한 여러 과학 분야에 종사한 사람들. 주로 남성이었고 세상의 물리적 구성과 과정(원소와 화합물, 원자력, 자력, 중력, 화학 반응, 공기와 물의 흐름 등)을 연구하는 것을 중요하게 생각하고 생물학, 사회학 영역은 경시하였다. 환원주의적 방법론에 매달렸기 때문에 물리적, 생물학적, 사회적 영역 사이의 상호작용을 이해하지 못했다.

재생가능 에너지로 가는 다리 bridge to renewables

20세기 초에 널리 퍼졌던 논리적 오류로 화석연료를 연소할 때 나오는 온실가스 문제를 천연가스를 더 많이 태움으로써 해결할 수 있다는 주장이었다. 하지만 이것은 불완전한 분석을 근거로 삼아 나온 오류였다. 특히 천연가스를 전기 발전에 사용할 때 연소 과정에서 물리적으로 발생하는 부산물만을 계산에 포함시켰기 때문이다. 전체적 에너지 사용에 영향을 미치는 다른 요소나 대기에 실제로 방출되는 온실가스 양은 고려하지 않았다.

적응성 낙관주의 human adaptive optimism

(1) 인간의 적응력에는 한계가 없어 인간은 어떤 상황이 닥치든 상황에 적응하거나 아니면 우리에게 맞게 상황을 바꿀 수 있다는 믿음이다. 지구공학(지구의 온도 순환 시스템에 사람이 개입하여 온난화 속도를 늦추려는 과학기술 분야—옮긴이)이 기후의 '해결책'이 될 수 있다는 믿음도 그 가운데 하나다. (2) 상황이 달라져도 낙관하고 적응할 수 있는 인간의 능력. 막대한 어려움이 닥치거나 '적응' 과정에서 고통을 겪어야 하더라도 버텨낼 수 있는 능력이다.

제1종 오류 type I error

사실이 아닌 것을 사실로 받아들이는 오류. 제1종 오류와 제2종 오류 둘 다 잘못된 것이지만 20세기에는 제1종 오류가 제2종 오류보다 더 나쁘다고 생각했다.

제2종 오류type II error

사실인 것을 사실이 아니라고 부인하는 오류. 20세기에는 제1종 오류가 제2종 오류보다 더 나쁘다고 믿었다. 명백한 기후변화를 거부하여 큰 재앙을 초래했다는 사실에서 이런 생각의 허점을 읽을 수 있다.

종합 실패 분석synthetic-failure paleoanalysis

과거의 실패를 분석하는 학문. 특히 사회적 · 물리적 · 생물학적 체계 사이의 상호작용(혹은 종합)을 이해하려 한다.

중단 충격termination shock

지구를 냉각하기 위한 조치가 중단되면서 갑자기 기온이 올라간 현상.

탄소연소 복합체carbon-combustion complex

화석연료 추출 · 정유 · 연소 산업, 금융, 정부 관할 관청 결합체로 고용, 성장, 번영을 내세우며 세계 기후를 교란시켰다.

100 다가올 역사, 서양 문명의 몰락

탄소중립 기반시설 zero-net-carbon infrastructure

비화석연료 에너지원, 운송수단, 탄소 격리 기술이 결합된 기술 복합체. 생존 인구를 부양하기 위해 필요한 산업화된 농경이 기후에 미치는 영향을 상쇄하기 위한 시스템이었다. 2100∼2170년에 사용되었으나 별 성과를 거두지 못한, 대기 스크러버 scrubber (공장에서 방출되는 공해 물질에서 특정 기체나 분진을 제거하는 데 쓰이는 장치—옮긴이)로 이루진 숲 같은 것이 한 예다.

탈루성 배출 fugitive emissions

유정, 파이프라인, 정유시설 등에서 방출되는 기체. 의도하지 않은 것이라고 간주하여 '탈루성'이라 하지만 일부는 (예로 유정에서 배출시키는 메탄) 알면서 일부러 하는 것이었다. 공학자들은 탈루성 배출의 영향을 인정했지만 탄소연소 복합체에서 그 영향을 축소했기 때문에 거의 공론화되지 않았다 ('재생가능 에너지로 가는 다리', '자본주의', '외부비용' 항목 참조). 어떤 사람들은 메탄이 상업적 가치가 있는 가스이므로 기업에서 '빠져나가도록' 내버려 둘 리가 없다고 주장하기도 했다.

통계적 유의성statistical significance

과거의 개념으로, 관찰된 현상은 그 현상이 우연히 일어났을 가능성이 아주 낮아야만, 일반적으로 20분의 1보다 낮아야만 사실로 받아들인다는 개념이다.

피셔 통계학fisherian statistics

20세기 초에 두 가지 현상 사이에 인과관계가 있는지 아니면 우연의 일치로 함께 나타난 것인지를 구분하도록 고안된 수학적 분석 방법. 창시자 R. A. 피셔는 집단유전학의 토대를 마련한 사람이자 인종에 따른 우생학 프로그램을 옹호한 사람이기도 하다. 피셔는 담배가 암을 유발한다는 증거도 받아들이지 않았다. "상관관계는 인과관계가 아니다"라는 피셔의 주장은 나중에 신자유주의자들이 공장 생산 제품이 건강과 환경에 여러 악영향을 미친다는 과학적 증거를 거부할 때에 마치 주문처럼 반복되었다("통계적 유의성" 항목 참조).

하수구sink

의도했든 아니든 폐기물이 쌓이는 장소. 20세기 산업계는 대기와 대양을 하수구로 생각했다. 대기와 대양이 인간이 만들어낸 쓰레기를 영원히 흡수할 수 있을 것이라는 잘못된 믿음을 갖고 있었기 때문이다.

해수면 변동으로 인한 난민eustatic refugees

'유스타시eustasy'는 세계적인 해수면 변동을 말한다. 바닷물이 높아지면서 사람들이 삶의 터전을 떠나 난민이 될 수밖에 없었다.

환경environment

사람과 나머지를 분리해서 생각하는 옛날식 개념. 사람이 아닌 부분은 미적으로나 생물학적으로 휴양에 특별한 가치가 있다고 생각했다("환경보호" 항목 참조). '자연' 환경을 '만들어진' 환경과 구분하기도 했는데, 이런 구분 때문에 20세기 사람들은 인간이 얼마나 광범위하게 전 지구적으로 영향을 미쳤는지를 깨닫고 인정하기가 어려웠다. 파울 에를리히나 20세기의 부부 팀인 데니스와 도넬라 메도즈Dennis and Donella Meadows[미국 과학자이자 환경학자 부부로『성장의 한계』(갈

라파고스, 2012) 등의 책을 썼다—옮긴이〕 같은 급진 사상가들은
사람이 환경의 일부로 환경에 의존해 살고 있으며, 환경에는
미적·휴양적 가치만 있는 게 아니라는 사실을 인식했다. 또
한 자연 세계는 고용, 성장, 번영, 건강에 반드시 필요하다는
점을 알았다. 그렇지만 이런 주장은 흔히 비난을 받았다. 그
래도 환경보호라는 개념이 생겨 이런 시각을 일부나마 인정
하고 받아들였다.

환경보호environmental protection

　　20세기 후반에 쓰이던 낡은 개념으로 인간이 아닌 환경
('환경' 항목 참조)이 경제활동으로 인해 파괴되는 것에 대응해
법적으로 보호해야 한다는 개념이다('외부비용' 항목 참조).

저자 인터뷰

미래에서 바라본 문명의 붕괴와
환경 대재앙이 초래할 역사

1. 어떻게 해서 『다가올 역사, 서양 문명의 몰락』을 쓰게 되었

습니까? 근작인 『의혹을 팝니다Merchants of Doubt』와는 어떤 관

계가 있죠?[1]

    나오미 오레스케스: 처음에는 기후변화에 대한 사

회과학적 접근을 주제로 삼은 《데덜러스》 특집판에

글을 써달라는 청탁을 받았습니다. 구체적으로 말하

면 우리가 기후변화에 (집단적으로) 적절하게 대처하

지 못하는 까닭이 무엇인지 밝혀달라는 주문을 받았

죠. 그때 저는 과학자들이 의견을 전달하기가 왜 이렇게 어려운지를 고민하면서, 『의혹을 팝니다』를 반복하지 않는 한편 꾸지람처럼 들리지 않게 이 질문에 답하기 위해서 어떻게 해야 할지 난감해하던 참이었습니다. 또 저는 역사가이기 때문에 이런 현재시제로 된 질문에 대답하는 게 편하지 않았죠. 그때 어떤 생각이 떠올랐습니다. 미래의 역사가들이 우리에 대해 어떻게 말할까? 이 질문에 어떻게 답할까? 그리고 에릭이 반대하지 않아서…….

2. 문명의 붕괴와 전 지구적 환경 재앙을 상상하고 묘사하자면 참 암울했을 것 같은데요. 신랄한 글쓰기에서 오는 감정을 어떻게 감당하셨나요?

　　오레스케스: 미래 역사가의 관점에서 글을 썼기 때문에 그런 문제를 겪지 않았어요. 사후에 바라보면 감정적으로 거리를 둘 수 있으니까요.

에릭 콘웨이: 맞습니다. 또 '신랄하다' 는 말이 꼭 맞지는 않다는 점을 덧붙이고 싶네요. 기후변화를 두고 벌어지는 토론에서 활동가 쪽에는 기후변화가 인간의 멸종을 가져올 것이라고 믿는 사람이 많습니다. 하지만 이전 인류 역사에 있었던 기후변화를 생각해보면 그렇지도 않습니다. 우리의 사회, 정치, 문화제도는 기후에 따라 바뀝니다. 통치 구조는 유지될 수도 있고 그렇지 않을 수도 있죠. 하지만 사람은 살아남을 것입니다. 지금처럼 계속 화석연료를 때면 수백 년 뒤에는 인구가 크게 줄겠지만요. 물론 제 생전에 그런 일이 일어나지는 않겠지요!

저는 이 책이 매우 희망적이라고 생각해요. 인류에게는 미래가 있습니다. '서양 문명' 이 지배하는 미래는 아니라 해도요.

3. 이 책을 구상하고 쓰는 데 있어 소설이나 SF가 영향을 미쳤나요?

콘웨이: 수십 년 전부터 SF 소설은 기후변화와 혼란이라는 주제를 파고들었습니다. 제 생각에 인간의 삶에 생태계가 어떤 역할을 하는지 처음으로 진지하게 들여다본 작가는 프랭크 허버트인 것 같습니다. 1965년 작품 『듄Dune』은 한 행성의 생태계가 은하 제국 전체에 영향을 미치는 과정을 탐구한 놀라운 작품이죠. 또 우리에게 특히 큰 영향을 미친 작품은 킴 스탠리 로빈슨이 쓴 3부작 2개입니다. 화성 3부작과 이 책에서도 언급했던 기후변화 3부작입니다. 둘 다 줄거리가 복잡하지만 간단하게 이야기하면 화성 3부작은 화성의 기후를 지구인들이 살 수 있도록 변화시키면서 한편으로 지구의 기후 혼란에 어떻게 대처할 것인가를 두고 일어나는 갈등이 중심입니다. 기후변화 3부작은 매우 현실적인 기조로 쓰여 과학소설이 아니라고 느낄 수도 있을 정도지만, 우리 책처럼 과학에 단단히 뿌리를 두고 쓴 소설입니다.

소설 형식으로 작업을 하면 여러 이득이 있습니다. 그중 하나는 역사를 쓸 때처럼 뚜렷한 출처가 있는 것만 재료로 삼아야 한다는 제약에서 벗어나 주제를 다룰 수 있다는 것입니다. 예를 들어 킴 스탠리 로빈슨은 환경과 관련된 여러 갈래의 사조를 아주 솜씨 좋게 다룹니다. 역사가라면 아주 방대한 자료를 갖추어야만 할 수 있는 일이지요. 기업의 사업 관련 기록도 반드시 필요한 자료인데 이건 정말 얻기 어렵습니다. 그래서 역사는 방대하고 접근하기 쉬운 기록을 남긴 주제나 사람 쪽으로 몰리는 경향이 있습니다. 또 역사가들은 참고자료를 정확하게 따라야 하는데, 그게 재미난 이야기를 펼치는 데 방해가 되기도 하지요. 그에 비하면 소설은 여지가 더 많기 때문에 그걸 이용해서 흥미로우면서도 생각을 자극하는 글을 쓰려고 했습니다. 그러면서도 반드시 사실에 충실하려고 했습니다. 지금처럼 계속 지내면 어떤 일이 일어날지 과학이 일러주는 사실, 그리고 역사가 가능성이 있다고 제안하는 바에 충실하려고요. 근거 없이 꾸며낸 것은 전혀 없습니다.

오레스케스: 강연을 할 때 저는 로빈슨의 이 탁월한 문장을 인용하길 좋아해요. "보이지 않는 손은 한 번도 계산서를 가져가서 돈을 낸 적이 없다." 시장의 실패를 한 줄로 줄인 말이죠. 로빈슨은 신자유주의와 기후변화를 부인하는 태도에 어떤 관계가 있는지 처음으로 파악하고 그 주제를 소설로 다룬 사람이라고 생각합니다.

로빈슨이 과학 역사에 큰 영향을 받았다는 점이 재미있습니다. 과학으로 밝혀낸 자연이라는 사실적 제약을 존중하면서 소설이 허락하는 창의적 기회를 뒤섞은 듯한 감각을 로빈슨의 작품에서 느꼈고, 그래서 이 책을 쓸 수 있었던 것 같아요. 처음 시작했을 때에는 깨닫지 못했지만 작업이 어느 정도 진행되니 알겠더군요. 또 저는 마거릿 애트우드에게서도 영향을 많이 받았어요. 특히 『일명 그레이스Alias Grace』요.

4. 저는 풍자적 말투가 참 재미있었어요. '탄소연소 복합체'와 '해수면 상승 부인법'에 대해 이야기해주실래요?

오레스케스: 『의혹을 팝니다』에서는 기후가 변화한다는 사실에 (그리고 그 밖에 여러 문제에 대해) 의혹의 씨앗을 뿌린 사람들에 대한 이야기를 했습니다. 왜 그랬는지, 어떻게 그렇게 했는지에 대해서도요. 그렇지만 의혹이 왜 그렇게 잘 팔려 나갔는가 하는 질문에는 거의 대답을 하지 못했습니다. 이 답의 일부는 화석연료 생산과 소비에서 이득을 얻는 사람들의 거대한 네트워크와 연관이 있습니다. 석유 회사만이 아닙니다. 석유 회사가 중요한 토대를 이루기는 하지만요. 자동차 산업, 항공 산업, 전기 제품 제조업, 도로 아스팔트 공급업자……. 그림이 그려질 거예요. 이 책을 쓰면서 에릭과 저는 냉전 시대 과학에 관한 책도 같이 준비했어요. 군산복합체를 빼고 냉전 시대를 이야기할 수는 없지요. 탄소연소 복합체도 비슷합니다.

콘웨이: 맞아요, 탄소연소 복합체는 화석연료 생산과 소비를 둘러싼 정치 · 경제적 이익이 서로 얽혀 있음을 표현하기에 편리한 틀이었습니다. 저는 화석

산업 복합체라는 말을 더 자주 쓰지만요. 일단 석유가 바닥나면 이들도 멸종해 화석이 되리라고 생각해서요. 그렇지만 이 용어에 대해서는 제가 양보했습니다.

오레스케스: 전 '화석산업'이라는 말이 마음에 안 들어요. 화석을 파는 업계인 것처럼 들려서요. 저도 언젠가는 이들이 화석이 되리라고 기대해요. 사업 모델을 바꾸어서 화석연료 회사가 아니라 에너지 회사가 되지 않는 이상은 말이에요. 부디 그렇게 될 수 있기를 빕니다. 전 지질학자라 석유 회사에 다니는 친구들도 좀 있거든요.

콘웨이: 해수면 상승 부인 법안은 실제로 일어난 일이에요.[2] 기후변화를 정치적으로 부인하려는 움직임이 어찌나 우스꽝스럽던지 코미디언에게 자문을 받았나 싶을 정도였어요. '예스맨The Yes Men'(잭 서빈과 이고어 배모스 2명의 활동가들을 부르는 이름이다. 이들은 기존의 문화적 이미지를 전복해 사회적 문제에 대한 인식을

높이려는 컬처 재밍culture jamming이라는 활동을 한다. WTO
의 가짜 웹사이트를 만들거나 맥도날드의 대변인을 사칭하
기도 했다─옮긴이)들이 자문을 해주었을까요?

오레스케스: 동의해요. 사실이 아니었다면 웃기는
일이었겠죠. 해수면 상승 부인법을 지지하는 사람들
은 물론 그런 이름으로 부르지 않지만 그게 그 법의
실체예요. 미래의 역사가들은 있는 그대로 말하겠죠.

5. 왜 화자를 제2(신공산주의)중화인민공화국에 사는 것으로
설정했나요?

오레스케스: 『의혹을 팝니다』에서 이야기했던 의
혹을 뿌리는 사람들은 반공주의자들이었고 정부가 시
장에 개입하는 것이 공산주의로 가는 길이라고 생각
해 환경 규제에 반대했습니다. 이들은 정치적 자유가
경제적 자유와 밀접하게 연결되었다고 보았고 경제적
자유를 제한하면 정치적 자유도 위협받는다고 생각했

죠. 냉전 시대에 밀턴 프리드먼이나 프리드리히 폰 하이에크 등의 글에서 비롯된 생각이지만 오늘날까지도 미국 우익의 신조로 남아 있습니다. 이렇게 노골적으로 말하지는 않겠지만 그래도 논리는 이런 식입니다. "정부의 시장 개입은 나쁘다. 기후변화를 현실로 받아들이면 정부가 화석연료 사용을 규제하거나 화석연료 가격을 높이는 방식으로 개입할 필요가 있음을 인정해야 한다. 따라서 기후변화를 현실로 인정하지 않을 것이다."

에릭과 저는 이런 식의 사고가 비논리적일 뿐만 아니라 대응 행동을 늦춤으로써 결국은 보수주의자들이 피하고 싶어 하는 강력한 국가 개입을 불러올 위험이 커진다는 점을 지적했습니다. 재앙에 가까운 자연재해는, 특히 식량과 물 공급을 어렵게 하는 재해는 정부가 방위군을 파견하고 자원을 징발하고 계엄령을 선포하는 등 민주적 과정을 중단하고 시장에 개입할 구실이 됩니다. 권위주의 사회가 자유로운 사회보다 기후변화로 인한 재앙에도 더 잘 대응할 수 있다고 주장할 수 있으니까요. 그러니 자유를 소중히 여긴다면 기후변화로 인한 재앙을 막기 위해 조기에 행동을 취해야 합니다. 머뭇거리다 보면 마침내는 권위주의 정부가 들어설 위험이 높아집니다. 이 책의 화자인 역사가가 글을 쓰고 있는 나라가 제2중화인민공화국인 까닭은, 우리가 중국에 자유화와 민주화가 진행되다가 기후 위기에 대처해야 한다는 명분 아래 독재정권이 부활하리라고 상상했기 때문입니다.

콘웨이: 중국 문명은 서양 문명보다 더 오래되었고 무수한 위기를 겪어냈습니다. 현 중국 정부가 계속 유지될지는 잘 모르겠지만 (내부의 긴장감이 상당합니다) 미래에 중국이라고 불리는 곳이 사라진다는 건 상상하기 어렵습니다. 나오미가 이야기했듯이 급격한 기후변화에서 살아남기 위해 빨리 사회 변화를 이루기에는 권위주의 국가가 유리할 수 있습니다. 현재 예외도 있긴 하지만, 이른바 자유민주주의 국가라는 곳 대부분이 기후변화에 대처하지 못하고 있습니다. 아

무튼 2393년에 남아 있는 국가들마다 자기의 관점에서 역사를 쓰겠지요. 그러니까 러시아의 관점, 남아메리카 연합의 관점, 노르도-스칸디나비아 연합의 관점 등에서 쓰인 반암흑기의 역사가 있을 겁니다.

6. 이 책에서 서양 문명을 1540년에서 2093년까지 지속되었다고 정의했습니다. 이 연도에 대해 설명해주시겠어요?

오레스케스: 어……. 에릭, 왜 1540년을 시점으로 잡았는지 기억나요? 코페르니쿠스와 상관이 있었던가요?

콘웨이: 1540년은 게오르크 요아힘 레티쿠스가 『첫번째 설명Narratio Prima』을 출간한 해입니다. 태양중심주의를 처음으로 주장한 출판물이었어요. 1543년에 출판된 코페르니쿠스의 『천구의 회전에 관하여De revolutionibus orbium coelestium』의 서론 격으로 쓰였습니다. 전통적으로 역사가들은 이 연구를 과학혁명(오늘날 대

부분 역사가들은 이 용어가 부적절하다고 말하지만요)의 시초이자 서유럽에서 물리적 증거를 바탕으로 우주를 이해하려는 자연철학이 부상하기 시작한 시점으로 보아왔습니다.

2093년을 택한 것은 좀 자의적이었지요. 우리 둘 다 그해까지 살아 있지는 않을 거라, 그렇게 멀찌감치 잡아놓아야 마음이 편하니까요. 한편 그때쯤에는 해안지방에 사는 사람 누구라도 확실히 알 수 있을 만큼 해수면 상승이 뚜렷하리라는 게 분명하기도 하고요.

오레스케스: 2093년은 두려움을 불러일으킬 만큼 가까우면서 우리 생전에 찾아올 만큼 가깝지는 않지요. 아무 일 없이 그해가 지나가면 사람들이 '당신들 생각이 틀렸잖아!' 라고 하지 않겠어요?

또 지금처럼 계속 해나간다면 언제쯤 위기가 닥칠지 추정했을 때 그즈음이 적절하다고 생각했습니다. 로저 르벨Roger Revelle(지구온난화를 가장 먼저 경고한 과학자입니다)은 2100년에 어떤 일이 일어날지에 대해

많은 우려를 남겼습니다. 그러니까 우리 이야기에서는 그 변곡점 직전을 서양 문명이 끝나는 지점으로 삼은 겁니다.

7. 가장 기억에 남고 신랄한 부분은 과학자들이 95퍼센트 신뢰 구간을 지나치게 신봉하여 그게 충족되기 전에는 절대로 인과관계를 주장하거나 공공정책이나 행동을 촉구하지 않는다는 비판입니다. 상당히 예민한 부분을 건드렸다는 생각이 드는데요. 오랫동안 중시되어온 통계적 유의성이라는 기준을 버리면 사이비 과학이 판을 치고 잘못되고 위험한 정책이 나오게 된다고 주장하는 '미끄러운 비탈길 논리slippery slope' (논리적 오류 가운데 하나로 논증 없이 어떤 사건이 있으면 다른 사건(주로 더 심하거나 나쁜 것)이 반드시 따라온다고 주장하는 경우를 가리킨다―옮긴이)가 걱정되지는 않습니까?

    오레스케스: 이건 정말 중요한 논점입니다. 이 문제에 대해 하고 싶은 말이 많지만, 말씀하셨듯이 신성한 땅을 침범하는 것이나 마찬가지지요. 이 점에 대해

서는 따로 책을 한 권 더 써야 할지 모르겠어요. 그렇지만 미끄러운 비탈길 논리는 걱정하지 않습니다. 일단 미끄러운 비탈길 논증은 대개 비논리적이에요. 어떤 체계의 일부 요소를 재검토한다고 해서 체계를 전부 무너뜨리는 건 아니니까요. 『의혹을 팝니다』에서 파헤쳤던, 기후변화의 과학적 증거를 받아들일 수 없다는 주장이 사실 미끄러운 비탈길 논리였습니다. 오늘 온실가스를 규제하기 시작하면 내일은 권리장전을 포기해야 할 거라는 식이죠. 우리 책에 등장하는 사람 중 한 사람은 담배 회사를 옹호하면서 대놓고 이렇게 말했습니다. 정부가 담배를 통제하게 내버려 두면 다음에는 무얼 통제하려 들지 막을 수 없다는 겁니다. 바보 같은 주장이지요. 행동은 득실을 따져서 해야 하는 겁니다. 뭐든 지나치면 어리석은 일입니다. 담배는 사람에게 해롭고 중독성이 있습니다. 그러니까 헤로인을 규제하는 것과 마찬가지로 담배를 규제하는 것도 말이 됩니다. 운전이나 항공 운항을 통제하는 것도 마찬가지고요. 그렇다고 해서 탄산음료를 규제해야 한다고 말할 수는 없는 겁니다. 논란이 있을 때마다 각 사안에 대해 득실을 기준으로 토론해야 합니다. 과거에는 전기통신 같은 것을 규제해야 할 이유가 있었다 하더라도 오늘날에는 그런 이유를 납득할 수 없는 것처럼, 오늘날 필요하다고 여겨지는 규제가 앞날에는 수정되거나 폐지되어야 할 수도 있는 것이지요.

문제는 주어진 상황에서 뭐가 필요하냐를 결정하는 것입니다. 과학도 마찬가지입니다. 과학자들은 과거에도 기준을 바꾸었고 앞으로도 그럴 겁니다. 이제 95퍼센트 신뢰 구간이라는 기준의 근거가 어디에 있는지, 지금처럼 거의 절대적인 기준이 되어야 할 이유가 있는지 진지하게 토론해봐야 할 때가 되었습니다.

콘웨이: 게다가요, 95퍼센트 신뢰수준이라는 관습이 있는데도 사이비 과학과 위험한 정책은 여전히 있잖습니까!

오레스케스: 그렇지요!

콘웨이: 그래서 학술지에는 '철회'라는 절차가 있는 겁니다. 95퍼센트 신뢰 구간은, 우리가 서양 문명의 종언을 2093년으로 택한 것처럼 하나의 선택이지만 완전히 자의적인 것은 아닙니다. 어떤 특정 종류(제1종 오류)의 오류를 피하기 위해 턱이 높은 장애물로 설정된 것입니다. 하지만 이 글이나 『의혹을 팝니다』에서도 설명했지만 다른 종류(제2종 오류)의 오류를 피하는 방법은 되지 못합니다.

8. 이 책에서 설명한 '사전예방원칙', 곧 나중의 재앙을 막기 위해 일찍 행동을 취해야 한다는 생각은 어떻습니까? 이 개념을 비판하는 사람들은 이것이 정책을 고안하고 발전시키는 책임감 있는 방식이 아니라 자기 주장을 위한 수사적 도구에 불과하다고 주장하는데요. 시장을 기반으로 한 신자유주의 정치경제체제가 장기적 예방원칙에 따라 행동할 수 있다고 보십니까?

콘웨이: 말도 안 되는 주장이네요. 인류가 일으킨 기후변화에서 사전예방원칙은 아무 의미가 없습니다.

사전예방은 피해가 시작된 다음이 아니라 그 이전에 취하는 행동이지요. 바다와 대기의 급격한 온난화가 이미 시작되었다는 증거는 차고 넘칩니다. 지금 할 수 있는 일은 이미 진행 중인 기후변화에 대응하는 것이지 미래에 일어날 수도 있고 일어나지 않을 수도 있는 온난화에 대비해 사전예방을 하는 단계가 아닙니다.

오레스케스: 최고에요, 에릭! 저도 같은 이야기를 하고 싶었어요. 사전예방원칙은 무언가가 문제가 될 수 있다는 증거가 있지만 확실히 문제가 될지, 문제가 된다면 어느 정도일지 잘 모르는 상황에서 행동을 취하는 것을 말합니다. 기후변화가 일어나고 있다는 것은 확실합니다. 이미 피해가 나타났죠. 또 지금의 방식을 고수하면 더 많은 피해, 어쩌면 우리 이야기처럼 치명적인 피해를 가져오리라는 것도 의심할 바가 없습니다. 사전예방을 하기에는 이미 너무 늦었어요. 이제는 수습책에 대해 이야기해야 합니다.

콘웨이: 기후변화의 배후에 있는 정책이라는 문제를 생각하면 정말 잘못된 논리입니다. 미국 연방법은 제약회사에서 새로운 약을 개발하면 독성 검사를 하도록 하는데 이런 것이 사전예방입니다. 그렇지만 미국에서는 유럽 연합과 달리 산업 화학물질에 대해서는 검사를 의무화하지 않지요. 약에는 사전예방원칙을 적용하는데 살충제나 가소제에는 왜 적용하지 않을까요? 정치적 이유 때문입니다. 화공업계는 사전예방 규제를 막는 데 성공했고 제약업계는 그러지 못한 거죠.

다른 예를 들어 볼게요. 저는 캘리포니아에 삽니다. 제가 사는 곳에서 30킬로미터쯤 떨어진 곳에 샌앤드레이어스 단층이라는 아직 활동 중인 단층이 있습니다. 샌앤드레이어스가 대지진을 일으켰다는 지질학적, 역사적 증거가 있지요. 그렇기 때문에 캘리포니아 주는 사전예방 차원에서 현재 건축 법규에 내진 설계를 의무화하고 있습니다. 또 응급 대피 훈련도 실시하지요. 제가 속해 있는 사립 공대에서도 훈련에 참여합니다.

　이런 사전예방 조치들은 모두 돈 드는 것이지요. 건축 비용도 올라가고 업무 시간도 줄어들고요. 그렇지만 우리는 언제 어디에서 단층 파열이 일어날지 모릅니다. 예측이 불가능하지요.

　그렇다면 사전예방을 할 필요가 없나요? 캘리포니아에서 이런 규제를 폐지하고자 투표를 하면 통과되지 않을 겁니다. '자유시장' 을 보호한다는 명분으로 건물이 사람들 위로 무너져 내리기를 바라는 사람은 없을 거예요.

　경제를 압박하지 않으면서 사전예방원칙을 따를 수 있을까요? 물론입니다. 늘 그래 왔으니까요. 사전예방은 우리 주위 어디에나 있습니다. 정지신호도 마찬가지에요!

　신자유주의체제에서 장기적 예방이 가능하냐고요? 그렇지 않습니다. 신자유주의가 신봉하는 규제 탈피는 우리 자신과 세계에 독이 될 것입니다.

오레스케스: 표현이 좀 강하긴 하네요. 그래도 에릭의 말이 기본적으로 옳아요. 순수한 형태의 신자유주의는 외부비용을 인식하지 못하고 미래의 피해를 예방할 시스템도 마련할 수 없어요. 미래나 새, 박쥐, 벌에 관한 시장의 신호는 없으니까요(피해가 너무 커져서 실제로 느끼기 전에는 없지요. 예를 들어 꿀 가격이라든가. 사실 그 지경이 되더라도 대부분 소비자들은 꿀 가격이 왜 오르는지 모를 거예요).

규제를 완화해야 한다고 주장했던 재계와 정계 지도자들은, 선의의 경쟁이라는 자본주의의 핵심 개념이 제대로 작동하려면 시장의 실패와 외부비용 문제에 대처해야만 한다는 사실을 깨달아야 합니다. 신자유주의는 하나의 이데올로기고 다른 이데올로기들과 마찬가지로 실천에 옮겼을 때에는 싱크홀에 빠지고 과속방지턱에 걸리기 마련입니다. 심지어 애덤 스미스도 은행을 규제해야 할 필요성을 인식했어요. 기후변화는 아주, 아주 큰 싱크홀이에요. 그런데 여기 무척 재미있는 사실이 있습니다. 폰 하이에크가 분명히 말하길, 환경오염은 정부가 시장에 개입하는 것을 정당화하는 외부비용이라고 했습니다. 어쩌면 일부 우익 인사가 이산화탄소가 오염물질이라는 것을 부인하는 까닭이 그건지도 모르겠네요…….

9. 이 책 최대의 아이러니는 신자유주의 국가는 기후변화로 인한 재앙을 피하기 위해 제때 행동을 취하지 못하고 상명하복 정치 문화의 전형 같은 중국이 거국적·체계적으로 대처하여 국민들을 구해냈다는 점이 아닐까 싶습니다. 어떻게 보면 기가 막힌 일인데요! 미국식 생활방식을 싫어하시는 거지요? 이런 구상을 할 수 있는 지적 담대함은 어디에서 나오는 겁니까?

콘웨이: 해맑게 말씀하시는 '미국식 생활방식'이란 게 대체 어떤 겁니까? 대평원 위에 오두막 학교가 있던 미국인가요? 소작농, 가게 주인, 가족 농장으로 이루어진 미국이요? 1930년대에는 미국식 생활방식이라는 게 이런 것이었죠. 그렇지만 이런 '미국식 생활방식'은 사라졌고 그게 사라진 건 우리 탓이 아닙

니다. 산업자본주의의 성장과 규모의 경제를 향한 욕구 때문이 큽니다. '규모의 경제'는 부와 권력을 소수의 손에 집중시키고, 이 소수가 다수의 뜻을 쉽게 좌절시킬 수 있습니다. 테어도어 루스벨트는 이 계급을 1907년 매사추세츠 연설에서 이미 "거대한 부를 가진 악당"이라고 불렀습니다. 지금은 이런 남자들이 그때보다 훨씬 많지요(지금은 몇몇 여자들도 이 무리에 들어갈 수 있게 되었고요).

세계 역사상 가장 돈을 많이 벌어들이는 사업은 탄소연소 복합체에 있습니다. 이들은 자유민주주의 사회가 기후변화에 대처해 의미 있는 행동을 취하는 것을 매우 성공적으로 막고 있어요. 이들이 갑자기 두 손을 들고 착하게 살겠다고 할 리는 없다고 봅니다.

오레스케스: 우리 책은 너무 늦기 전에 미국식 생활방식을 지킬 수 있게 하자고 호소하는 거예요. '구상'이라고 하셨는데, 그렇기도 하지만 이 책은 엄밀하게 사실을 바탕으로 했어요. 기술적 부분의 추측은

모두 과학적 예측을 근거로 삼았습니다. 담대하다고 도 했는데 어떤 책이든 책을 쓰려면 그래야 해요. 아 니면 교실 앞에 서서 학생들이 귀를 기울이기를 기대 할 때도 마찬가지고요. 이상한 일이지만 학생들은 종 종 귀를 기울이고, 심지어 가끔은 고맙다고도 해요. 독자들도 그러고요.

10. 독자들이 이 글에서 무얼 얻기를 바랍니까?

콘웨이: 독자들이 어떤 글에서 얻는 것은 자기가 그 안에 투사한 것일 때가 많습니다. 우리는 독자들이 미래의 기후에 대해 더 또렷한 생각을 갖게 되기를 바 랄 뿐이죠.

오레스케스: 음……. 독자들이 무얼 얻을지를 예 상할 수는 없어요. 책은 유리병 안에 담긴 메시지 같 은 거예요. 누군가가 그 병을 열고, 읽고, 받아들이기 를 바라죠. 그게 어떤 메시지이든 간에.

기후변화의 위기, 우리는 무엇을 해야 할까?

올해 스위스 다보스에서 열린 세계경제 포럼에서, 세계적으로 힘 있고 영향력 있는 사람들이 한자리에 모여 기후변화를 주제로 토론했다. 이들이 내놓은 메시지에는 급박함이 담겨 있었지만 한편으로는 긍정적이기도 했다. 시간이 촉박하기는 하지만 문제를 해결할 수 있으리라는 내용이었다.

세계 최대 국제기구의 수장이 세계가 저탄소 방향으로 나아갈 것이라며 이렇게 말했다. "그게 옳은 선택이자 현명한 선택이기 때문입니다." 세계 최대의 은행 대표도 화석연료 보조금을 폐지하고 (한 해에 1.5조~2조 달러에 달하는 것으로 추산된다) 탄소세를 부과하면 이 문제를 해결할 수 있으리라고 말했다. 거대 소비재 회사 CEO는 "새로운 기후경제"라는 전망을 제시했다. 지속가능한 성장을 이룰 수 있게 하는 대체 에너지를 바탕으로 기후변화와 빈곤 문제 둘 다에 대처할 수 있는 경제를 가리키는 말이다. 현재 전 세계가 문제를 인식하고 있으며 한시바삐 움직여야 할 필요를 느낀다는 데에 모두 동의했다. 한 사람은 이런 결론을 내렸다. "전에 하지 않았던 일을 할 기회가 있습니다. 우리는 너무 오랫동안 침묵하는 다수였습니다."

10년 넘게 인류가 일으킨 기후변화 문제에 매달려오면서, 기후변화를 부인하는 세력의 거센 저항에 부딪혀 작은 희망들이 무너지는 것을 수도 없이 보아온 나로서는 흥분을 억누를 수가 없었다. 정말로 이렇게 엄청난 권력과 특권을 지닌 사람들이 행동에 나서겠다고 하는데, 기후변화를 부인하는 시대도 이제 막을 내릴 것 같았다.

그때 제프리 삭스와 마주쳤다. 콜럼비아대학 지구연구소장이자 반기문 유엔 사무총장의 특별고문이다.

"어떤 것 같아요?" 내가 들떠서 물었다.

"말뿐이에요. 아무 의미 없어요." 삭스가 눈살을 찌푸리며 대답했다.

"왜 그렇게 생각하는 거예요? 저렇게 중요한 사람들이 다 모였는데요? 엄청난 영향력을 가진 세계적 기관의 수장들이 있잖아요?"

"맞아요. 그런데 미국과 중국은 어디 있죠?"

힘이 쭉 빠졌다. 삭스의 말이 옳았다. 중국과 미국을 빼놓고 기후변화를 논의하는 것은 세계지도에서 유라시아가 빠진 것이나 다름없다. 대단한 의미가 있을 수 없다. 극작가 데이비드 헤어는 유토피아가 빠진 세계지도는 지닐 가치가 없다고 말했다. 나는 삭스가 희망이 없는 세계지도를 보고 있다는 사실을 깨달았다.

세계 온실가스 배출 통계를 보면 중국과 미국이 1, 2위를 차지했을 뿐 아니라(미국은 1인당 배출량과 누적총배출량이 최대이고, 중국은 현재 연간 배출량이 최대이며 누적배출량에서 미국을 따라잡고 있다), 이 두 나라의 배출량을 합한 양이 상위 12개국에서 나머지 국가들의 배출량을 다 합한 것보다 훨씬

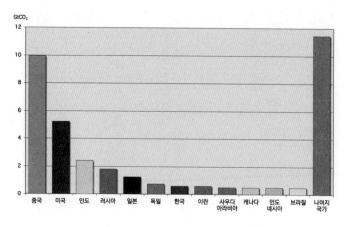

GtCO₂ axis shown as GtCO$_2$

〈그림 1〉 2013년 연간 배출량 상위 12개국[1]

많다. 독일이나 사우디아라비아나 브라질이 배출량을 0으로 만든다고 하더라도, 미국과 중국이 동참하지 않으면 실질적으로 대기에 아무런 영향도 미치지 못할 것이다. 온실가스 방출로 인한 기후변화 문제는 미국과 중국을 빼고는 해결할 수 없다.

1992년 브라질 리우데자네이루에서 타결된 유엔기후변화협약은 조인국들이 "인류가 야기한 위험한" 기후 혼란을 예방하는 데 힘쓸 것을 약속한 희망적인 문서였다. 그 협약은「오존층 파괴 물질에 관한 몬트리올의정서」를 모델로 세계적 규모의 협력을 상상했다. 우리 모두가 공통의 문제를 해결하기 위해 힘을 합하는 세계를 꿈꾸며 만들어진 협약이다. 유토피아적 몽상이라고만은 할 수 없었다. 이런 협력이 가능하다는 것을 몬트리올의정서가 이미 보여주었기 때문이다. 매우 낙관적이었지만 무언가가 가능하다는 믿음을 주고, 그걸 이룰 수 있는 힘을 준다는 점에서 좋은 의미의 낙관이었다.

기후변화협약은 "공동의 차별화된 책임"이라는 규정을 도입해 윤리적인 면도 갖추었다. 곧 세계 모든 국가에 다음 세대를 위해 기후 혼란을 야기하지 않을 의무가 있지만, 현재까지 이 문제에 대해 특히 책임이 있는 몇몇 국가들이 이 문제를 해결하는 데에 가장 큰 책임을 떠맡는다는 의미다. 이 국가들은 고도로 산업화된 국가들로 "부속서1" 국가라고 불린다. 기후변화협약은 기후변화 문제가 산업화의 문제임을 인식했다. 대기 중에 온실가스 양이 늘어난 까닭은 산업화, 특히 화석연료 연소와 삼림 파괴 때문이다. 그러니 이 문제를 일으킨 당사자들에게, 곧 이 문제를 일으키면서 산업화를 이룬 덕에 부유해진 나라들에 문제를 해결할 책임을 지우는 것이 논리적이고도 온당하다.

또는 1인당 배출량의 관점에서 볼 수도 있다. 부유한 부속서1 국가의 시민들은 평균적으로 다른 나라의 4~5배에 달하는 온실가스를 발생시킨다. 그래서 1단계에는 배출에 가장 큰 책임이 있는 부유한 국가에 초점을 맞췄다. 이들 국가가 문제를 해결하기 위한 첫걸음을 시작해야 한다. 기후변화협약에 따라 인준된 교토의정서는 부속서1 국가들이 감축 목표를 약정하게 하는 구속력이 있다. 개발도상국은 감축의무는 없으나 그래도 조약에 따라 배출량을 줄여야 한다.

매우 합리적인 입장이라고 생각되는데, 기후변화협약은 여기에서 멈추지 않았다. 2단계에서는 개발도상국도 포함되었다. 가난한 국가들이 에너지를 더 많이 쓰게 되면 배출량이 늘 것이기 때문이다. 〈그림 2〉에서 볼 수 있듯이 개발도상국의 배출량이 상승 추세라는 게 1990년대에 이미 드러났다. 궁극적으로는 세계 전체가 "인간 활동이 기후에 미치는 위험한 영향"을 막는 데 함께 참여하게 될 것이다.

그런데 기후변화협약에서 제시한 목표는 이루어지지 못

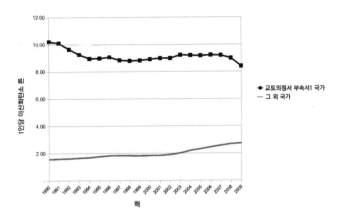

〈그림 2〉 1990~2009년 부속서1 국가와 그 외 국가의
1인당 이산화탄소 배출량[2]

했다. 1992년에 세계 지도자들이 리우에 모였을 때 대기 중 이산화탄소 농도는 약 350ppm이었다. 오늘날에는 400ppm을 넘었고 계속 증가 추세다. IPCC의 최근 보고서에서도 뚜렷하게 밝혔듯이 인간 활동이 기후에 미치는 위험한 영향은 계속되고 있다. 폭염, 가뭄, 산불, 폭우가 점점 더 심해지는 현상이 기록상으로 분명히 나타난다. 2003년 유럽에서 발생한 폭염은 엄청난 희생자를 냈다. 유럽 전체에서 평년 7월에 비해 사망자가 7만 명이나 더 많았다.[3] 당시 과학자들은 지구온난화 때문에 지독한 폭염이 발생했다고 말하는 것을 조

심스러워했지만, 지금은 명백히 말한다. 2004년에도 과학계에서, 인간 활동의 영향이 이 정도 규모의 폭염이 닥칠 위험을 최소 2배로 높였다고 볼 수 있다는 결론을 내렸다.[4] 최근에는 여름에 폭염이 닥칠 위험성이 10배로 높아졌다고 추산한다.[5]

현재 상황은 어떤가?

이 글을 쓰는 지금은 좋은 조짐도 보이고 나쁜 조짐도 보인다. 좋은 조짐은, 세계 지도자들이 기후변화를 멈추기 위해 행동에 나서야 할 필요성을 계속 확고하게 역설한다는 것이다. 세계은행 총재 김용(한국계 미국인 의사이며 세계은행 총재. 중남미 등의 빈민지역에서 결핵 퇴치를 위한 의료구호활동을 벌여왔고, 세계보건기구WHO 에이즈국장을 역임하였다. 오바마 대통령에 의해 세계은행 총재로 지명되었다—옮긴이)은 화석연료 보조금을 폐지하고 세계적으로 탄소세를 도입하자는 강경한 입장을 취했다. 세계 여러 경영자들이 기후변화가 기업에 위협이 되는 한편, 새롭고 깨끗하고 공정한 녹색경제를 이룰 준비가 되어 있는 기업에는 기회가 되리라 생각하고 김용 총재를 지지했다. 그리하여 탄소뿐 아니라 경제활동 전반의 외적 비용을 제대로 인식할 수 있게끔 자본주의를 혁신할 수 있으리란 희망이 솟는다.[6]

종교 지도자들도 녹색경제가 더욱 공정한 경제이기도 하다고 생각한다. 자연환경과 다른 생명체에 대한 경시가 인권과 다른 사람에 대한 멸시와 밀접한 관계가 있음이 분명해지자 이런 생각이 더욱 굳어졌다. 이미 오래전부터 기후변화가 부유한 시민보다 가난한 시민에게 더 큰 피해를 입힌다는 사실이 드러났다. 당연히 부유한 이들에게는 재앙에 대처할 자원이 더 많기 때문이기도 하지만, 가난한 나라들이 해수면 높이 언저리에 존재하며 겨우 생존하고 있기 때문이기도 할 것이다. 그런데 종교적 관점에서는 그 이상을 보기도 한다.

프란치스코 교황과 바르톨로메오 총대주교(세계 정교회의 수장. 환경운동가로도 명성을 쌓아 '녹색 총대주교'라는 별명을 얻었다—옮긴이)는 기후변화로 인한 재난이 인간의 고통을 증가시키는 것에 주목하며, 이 문제를 근본적으로 도덕적이며 영적인 문제로 본다.[7] 기후변화는 전 지구적으로 소득불평등을 증대하고 가난한 인구를 점점 더 생존의 한계로 몰고 감으로써, 현대의 기술 발달로 인한 이득을 상쇄할 지경이다. 그렇지만 부유한 국가와 부유한 사람들도 고통을 받는다. 뉴올리언스에 상륙한 허리케인 카트리나나 뉴욕 주를 덮친 대형폭풍 샌디는 부유한 나라와 시민들도 생각만큼 안전하지 않음을 보여준다. 가난한 사람들이 상대적으로 훨씬 더 큰 영향을 받지만, 중간층이나 부유한 시민들도 영향을 받고 수리와 재건 비용은 사회 전체에 부담을 지운다. 부유한 국가, 부유한 사람들은 가난한 이들의 문제라고 생각할지 모르지만 실제 기상재해를 보면 그렇지만도 않다.

연합 그리스도 교회(뉴잉글랜드를 처음 개척한 청교도들의 후예다) 목사인 제임스 앤털은 자연이 우리에게 등을 돌린 듯 보이는 세상에서 어떻게 신앙을 품을 희망이 있겠냐는 질문을 던진다.[8] 수백만이 전쟁과 학살로 스러진 20세기에도 신이 부재한 것처럼 보였는데, 인간이 일으킨 전혀 자연스럽지 않은 '자연' 재해로 사람들이 스러지는 21세기에는 더더욱 신이 존재하지 않는 듯 여겨지지 않겠느냐는 말이다. 진정으로 버려진 느낌이 들지 않겠나? 아니면 신의 존재를 느끼기는 하지만 전혀 다르게, 곧 우리가 정의, 평등, 창조의 뜻을 오만하게 저버린 것에 대한 벌로 기후변화가 닥친 게 아닐지 생각하게 되지 않을까. 창조를 믿든 안 믿든 우리가 뿌린 것을 거두고 있음은 누구나 아는 사실이다.[9]

하지만 끝난 게 아니다. 아직 긍정적 징후가 있다.

무엇보다도 미국과 중국이 다보스에는 없었더라도 완전히 발을 뺀 것은 아니다. 2014년에 두 나라는 온실가스 배출을 줄이자고 서로 합의했다. 오바마 미국 대통령은 온실가스 배출을 2025년까지 2005년 수준에서 26~28퍼센트 낮추는 것에 동의했다. 리커창 중국 총리는 2030년이 배출량 정점이 되는 것을 목표로 행동을 취하기로 했다. 미국은 석탄을 연소하는 발전소의 배출을 규제하는 환경보호국EPA의 새로운 규정, 트럭의 연비 기준 강화, 에너지 효율성 증대, 냉매로 쓰이는 HFChydrofluorocarbon(오존층을 파괴하는 프레온가스CFC가 몬트리올의정서에 따라 사용 금지되면서 냉매로 대신 쓰이게 된 물질인데 온난화 효과가 커서 또 다른 문제가 되고 있다—옮긴이) 같은 온실가스의 배출을 줄이는 방법으로 목표를 달성하려 한다. 중국은 재생가능한 에너지 생산의 대규모 확대, 도시계획 개선, 탄소 포집 및 저장 기술 연구와 개발, HFC 대체 물질 개

발 연구 등으로 목표에 도달하려 한다.[10]

　서방에서는 최근 엄청난 속도로 경제성장을 이루며 온실가스 배출도 폭증한 중국이 과연 진정으로 기후변화 문제에 나설지 의심해왔다. 그렇지만 뜻밖에도, 앞으로 몇 년 동안 미국보다 중국에서 더 적극적인 움직임을 보게 될지도 모르며, 이 책에도 그런 전망을 담았다.

　이유는 단순하다. 정치적 의지와 정치적 통제.

　중국 지도자들에게는 환경오염이 심각한 문제다.[11] 중국 도시 지역의 대기오염이 건강에 심각한 위협이 될 지경이라 긴급한 정치적 과제가 되었다. 2015년 3월 〈언더 더 돔Under the Dome〉이라는 다큐멘터리가 공개되며 전국적으로 화제가 되기도 했다. 이 다큐멘터리는 공산당 기관지 인민일보 웹사이트에 처음 공개되었는데, 조회수가 2억이 넘었고 중국판 『침묵의 봄』(1962년 레이첼 카슨이 쓴 책으로 살충제 남용의 위험을 알려 환경운동에 지대한 영향을 미쳤다—옮긴이)이라 불린다. 정부에서는 토론을 검열했지만, 그래도 이 영화가 인민일보 웹사이트에 처음 공개된 것으로 보아 정부의 지원을 어느 정

도 받았다고 보기도 한다.[12]

말이 안 되는 것은 아니다. 중국 정부는 이미 공해가 국민 건강과 지속적 경제성장 둘 다에 위협이라는 것을 공식적으로 인정했기 때문이다. 2014년 리커창 총리는 정부가 "가난과 전쟁한 것처럼 공해와 전쟁을 벌일 것"이라고 선언했다.

중국 에너지정책 연구소 학장이자 중국 에너지경제 연구소장을 겸하는 린보창 교수는 "가격, 세금, 보조금 등의 수단"을 이용한 에너지 재구조화로 연무煙霧, haze(대기 중 오염물질 등 미세 입자가 대기를 혼탁하게 만드는 현상—옮긴이)를 줄이려는 대규모 사업이 정부 계획에 들어 있다고 요약한다. 탄소세나 배출권 거래제도emissions trading system, ETS(온실가스 감축 의무가 있는 사업장이나 국가가 서로 배출 권한을 거래할 수 있게 하는 제도—옮긴이)를 도입하고 청정에너지원을 확대하여 에너지 효율을 높이겠다는 의미로 보인다.[13] 중국은 재생가능 에너지 비율을 급속히 늘리고 있다. 2013년에는 비화석연료가 중국 발전 총량의 31퍼센트를 차지했다. 중국의 풍력, 태양광 발전량 증가 추세는 세계 최고다. 세제혜택을 이용해 풍력, 태양력 등 재생가능 에너지에 보조금을 지급했기 때문에 이처럼 빠르게 성장할 수 있었다. 뿐만 아니라 민간부문의 활약도 눈부시다. 히민사皇明集团 는 세계 최대 규모의 태양열 온수기 제조사이고 "미래의 태양 에너지 도시"[14] 더저우에서도 중요한 역할을 한다. 중국 기업가들은 재생가능 에너지 기술을 개발해 중국뿐 아니라 세계에 판매할 기회를 확실히 파악한 듯하다.

그렇지만 중국의 상황을 마냥 장밋빛으로 그릴 수만은 없다. 특히 중국정부가 대기 중 연무를 줄이는 데 초점을 맞춘다는 점이 우려스럽다. 1960년대 로스엔젤레스에서처럼 눈에 보이는 연무를 줄이면서도 온실가스 배출은 그대로 둘 수 있기 때문이다. 석탄을 때는 화력발전소 굴뚝에 분진 제거 장치를 달면 분진이 크게 줄어 눈에 보이는 대기오염이 줄어들지만, 막대한 양의 온실가스는 그대로 방출된다. 잘 알려졌듯이 중국의 석탄 매장량은 엄청나다.[15] 그런데 온실가스는 줄이지 않고 분진만 줄이면 사실 기후변화에는 악영향을 미친다. 분진에는 기온을 낮추는 효과가 있기 때문이다 (그래서 석탄을 천연가스로 대체하는 것은 사람들이 생각하는 것만큼 좋은 방법이 아니다[16]).

그렇지만 중국 과학자들과 관료들도 이 문제를 분명히 인식하고 있다. 린보창 교수는 중국의 석탄 생산량이 2020년에 정점을 찍을 것이고 그 뒤에 곧 배출량이 떨어지리라고 예상한다.[17]

린보창의 말이 맞기를 기대해보자. 그럴 수 있을 것이다. 중국은 화살통에 미국한테는 없는 화살 하나를 더 갖고 있기 때문이다. 바로 정치적 의지다. 또 중국은 적어도 일부 영역에는 에너지 사용 감소를 지시할 수 있다. 서구에서라면 정치적으로 가능하지 않을 테지만 중국 정부는 '총에너지 소비량 통제'라는 목표를 설정할 수 있다. 린 교수는 "자원 부족과 환경오염의 외적 비용이라는 공통의 문제를 생각해보면 정부 권한으로 에너지 소비를 제한하는 게 옳다"[18]고 말한다. 중국 지도자들은 이 문제에 적극 대처하는 게 대내적으로나 대외적으로나 이득이라고 생각하는 듯하다. 미국 정치 지도자들과는 상황이 딴판이다.

오바마 대통령은 기후 문제에 대처하겠다는 의지를 되풀이해서 천명했지만, 공화당 쪽에서는 동의하지 않을 뿐 아니라 심지어 기후변화를 부인하는 입장을 고수한다. 그리하여 미국에서 벌어지는 정치적 논쟁은 때로 초현실주의적이기까지 하다.

우리가 전작 『의혹을 팝니다Merchants of Doubt』에서도 이야기했듯, 미국 보수주의자들과 기업가들은 20년 넘게 기후변화가 일어난다는 과학적 증거에 의혹을 제기해왔다. 기업가들은 이제 상당수가 기후변화가 실재하며 매우 위험하다는 사실을 받아들이고 또 녹색경제에 경제적 기회가 있음을 인지하는 반면, 미국 공화당 지도부는 여전히 공식적으로 인간의 활동이 기후변화를 야기한다는 사실을 부인하는 입장을 취한다. 더 나아가 그것에 대한 논의를 억누르려고 하는 지경이다.

이 책에서도 노스캐롤라이나 주에서 통과된 '해수면 상승 부인 법'이라는 게 있다는 이야기가 나온다. 정부 소속 과학자들이 해수면 상승의 위험을 논의하지 못하게 금지하는 법이다. 우리가 지어낸 이야기가 아니라 진짜다. 뿐만 아니라 다른 곳에서도 같은 움직임이 나타났다. 릭 스캇 주지사의 플로리다 주정부는 주공무원들이 해수면 상승을 논의할 때 '기후변화' 또는 '지구온난화'라는 말을 입에 올리거나 글로 쓰는 일을 금지했다고 한다.[19] 위스콘신에서도 비슷한 조치가 취해졌다.[20] 세계에서 자유의 수호자를 자처하는 미국이 기후변화를 논의하는 것을 금지하는데 아직 권위주의 정권이 유지되는 중국은 행동에 나서는 얄궂은 상황이 벌어지고 있다.

그저 얄궂은 정도가 아닐 때도 있다. 2015년 1월 미국 상원 회의에서 기후변화에 대한 투표가 두 건 있었다. 첫 번째 의제는 기후변화가 실제로 있느냐는 것이었다. 대다수가 실재한다고 투표해서 과학자들이 다 함께 안도의 한숨을 내쉴 수 있었다. 다만 두 번째 질문은 기후변화가 사람이 온실가스를 배출해서 일어났느냐는 것이었는데, 다수가 '그렇지 않다'에 표를 던졌다. 이게 기후변화 부인의 최신판인 셈이다. 기후변화의 현실은 받아들이지만 인간이 원인이라는 과학적 증거는 부인한다.[21] 이렇듯 각개격파 자세를 취하지만 이들은 어떤 과학적 논의나 정치적 토론도 온난화 자체를 두고 이루어진 적은 없다는 사실은 무시한다. 언제나 인간 활동이 야기한 기후변화, 곧 우리가 (적어도 원칙적으로는) 막을 수 있는 변화가 야기한 위험이 토론의 핵심이었는데 말이다.

지난 3월에는 상황이 더 나빠졌다. 공화당 하원 세출위원회 통상·법무·과학 분과 의장이 조작 혐의로 미항공우주국NASA을 비난했다. 텍사스 하원 위원 존 컬버슨이 과학적 증거가 아니라 영국 신문 《텔레그래프》에 실린 기사를 인용하며 "해양대기국과 기상청이 미국 기온 변화 분석에 사용하는 수치 가운데 엄청난 양이 실제로는 조작된 자료다. 특정 관측소의 기온 데이터가 없으면 그냥 빈칸을 채워 넣었다. 이렇게 만들어내서 넣다 보니 …… 실제로 존재하지 않는 추세가 만들어졌다"[22]라고 했다. 공화당에만 비난이 집중되는 것처럼 보인다면, 이 사실도 알아두자. 오바마 대통령이 기후변화에 대처하겠다는 의지를 밝혔지만 행정당국에서는 계속해서 공유지의 석유, 가스, 석탄 탐사와 개발권을 떨이 가격으로 내놓고 있다.[23]

그래도 미국에 희망적 조짐이 없는 것은 아니다. 2012년 주민 3,000만이 넘는 최대 주인 캘리포니아 주에서 포괄적인 기후변화법이 통과되었다. 의회 법안 32라 불리는 이 법은 자동차 연비 개선과 신축 주거시설은 2020년까지, 신축 상업

시설은 2030년까지 탄소중립화zero-net carbon를 의무화하고, 재생가능한 에너지원을 이용한 발전 시설을 확충하고, 이런 규정으로 제재할 수 없는 부분은 탄소세를 부과해 억제한다. 뿐만 아니라 시민들이 행동을 원한다고 점점 더 적극적으로 의사 표명을 하고 있다. 2014년 9월에는 뉴욕 시에서 40만 명이 넘는 사람들이 기후 문제에 대처해야 한다며 시위행진을 했다. 이들 가운데 다수가 투자철회 운동에도 참여했는데, 투자철회 운동이란 대학, 재단, 연기금 같은 곳의 기관투자자들에게 화석연료 사업에 투자한 돈을 거두어들이라고 촉구하는 것이다.

논리는 간단명료하다. 첫째, 기후변화를 일으키는 화석연료를 계속 사용하고, 더 많이 캐내고, 수송관 같은 기간설비를 계속 건설하여, 21세기 중반이나 그 이후가 될 때까지 화석연료를 사용한다면 기후변화를 막을 수 없다. 둘째, 그게 어떤 결과를 가져오는지를 알면서도 계속하는 것은 부도덕하다. (대학이나 재단, 교회 등) 사회복지를 위한 기관이라면 마땅히 투자도 목적에 맞는 곳에 해야 한다. 셋째로, 투자철회 운동은 사회가 바뀔 의지가 있고 바뀔 준비가 되어 있다는 신호를 보낸다. 넷째, 화석연료 생산업체는 자기네 생산품이 야기한 피해에 대한 법적, 도덕적 책무가 있다.[24]

투자철회 운동이 '상징적' 제스처에 불과하지 않느냐고 비판하는 사람도 있다. 설령 상징이라고 할지라도 우리의 의도를 드러내고 다른 사람들도 동참하게 부추기기 때문에 중요하다. 투자철회의 상징적 가치를 과소평가해서는 안 된다. 스탠더드오일(나중에 에소로 이름을 바꾸었고 지금은 엑슨모빌이다) 상속자들이 창설한 록펠러 재단에서 화석연료에 투자한 비용을 회수하겠다는 뜻을 밝히자 미국과 유럽 양쪽 언론에서 1면 기사로 대서특필했다.[25] 석탄을 동력으로 한 철도업으로 모은 부로 설립된 스탠퍼드대학도 석탄 주식을 매각하겠다고 발표했다. 작은 발걸음일지는 모르나, 화석연료에 투자하는 게 사회적으로 문제없다고 생각되는 나날은 곧 끝나리라는 신호를 보내고 있다. 이는 또한 새로운 화석연료에 대한 투자를 완전히 중단한다면, 화석연료 사용을 점점 줄여나갈 수 있다는 의미이기도 하다.

이런 움직임이 공적 영역의 논의에 영향을 미친다. 특히 업계에 미치는 영향이 크다. 2015년 1월 세계은행 김용 총재도 투자철회 움직임에 지지를 표했고 이것을 세계적인 탄소세 부과와 화석연료 보조금 중단 활동으로 연결시켰다.[26] 세계은행 총재가 화석연료 투자를 중단해야 할 때가 되었고 새로운 화석연료 개발을 멈춰야 할 때가 되었음을 인정했으니, 변화가 머지않았다.

다시 파리에서 열릴 유엔기후변화협약 21차 당사국 총회 문제로 돌아가자. 총회까지 아직 몇 달이 남아 있고, 진짜 행동을 취할 기회가 아직 있다. 총회에서 어떤 일이 일어날지 예측하기는 어렵다. 이전 20차례 유엔기후변화협약 당사국 총회는 이렇다 할 결과를 내놓지 못했다. 과거를 바탕으로 앞날을 예측하자면 비관적이 될 수밖에 없다. 중국, 인도, 미국은 벌써 이산화탄소 방출 감소법을 비준하지 않을 조짐을 드러냈다. 한편으로 이들 나라에 대한 압박도 엄청날 것이다.

기후변화 문제를 해결할 기술은 이미 존재한다. 세계 여러 곳에 이 문제를 해결할 의지 또한 존재한다. 과연 해결할 수 있을 것인가? 아무도 모른다. 그렇지만 실패한다면, 실패의 원인이 무엇인지는 안다. 우리가 연구하여 미래에서 바라

본 현재의 이야기라는 형태로 풀어 쓴 이 책에서 분명하게
이야기한다.

대중 강연을 할 때에 이런 질문을 자주 받는다. "낙관하
십니까, 비관하십니까?"

대답은 물론 '할 수 있다' 다.

나오미 오레스케스, 매사추세츠 칼라일
에릭 M. 콘웨이, 캘리포니아 앨터디너

2015년 4월

해제

'몰락의 시대' 와 '생존의 시대' 사이에서

미래를 끔찍한 디스토피아로 묘사한 『다가올 역사, 서양 문명의 몰락』은 역설적으로 유토피아 소설의 계보를 잇는다. 19세기 말에 현재를 묘사한 에드워드 벨러미의 『뒤를 돌아보면서Looking Backward: 2000~1987』 (1888)나 윌리엄 모리스의 『에코토피아 뉴스News from Nowhere』 (1890) 같은 고전이 그것이다.

오늘의 시점에서 벨러미나 모리스의 유토피아 소설을 읽고 나면 뒷맛이 쓰다. 왜냐하면 벨러미의 사회주의 낙원도 모리스의 생태주의 낙원도 지금의 현실과는 거리가 멀기 때문이다. 지금으로부터 300년도 훌쩍 지난 24세기 말(2393년)의 시점에서 오늘날을 돌아보는 『다가올 역사, 서양 문명의 몰락』이 지극히 비관적인 것도 바로 이런 현실 때문일 것이다.

이 책은 지금과 같은 인류의 문명이 21세기 말의 어느 시점에 기후변화로 붕괴할 것이라고 예상한다. 과학기술에 정통한 역사학자답게 이 책이 묘사하는 붕괴 과정은 〈투모로우〉 같은 할리우드 재난 영화의 묘사보다 훨씬 치밀하다. 하지만 실제로 붕괴가 일어나면 그 양상은 훨씬 더 끔찍할 것이다. 예를 들어 이런 일들이 추가되어야 마땅하다.

재앙의 4가지 요소

이 책의 화자인 미래의 역사학자는 인류 문명이 끝장난 시점을 2073년에서 2093년으로 가정한다. 남극 빙하가 녹으면서 전 지구적으로 수면이 약 5미터 상승했고, 잇따라 그린란드 빙하까지 녹으면서 추가로 2미터가 더 상승했다. 이른바 '대붕괴'가 시작한 것이다. 이런 대붕괴는 서양이 지배하던 인류 문명을 끝장낸다.

이렇게 해수면이 상승하면 도대체 어떤 일이 일어날까? 당연히 해안의 많은 인구가 내륙으로 대이동을 할 것이다.

하지만 거기서 끝이 아니다. 우선 세계 자본주의 경제가 결딴날 것이다. 왜냐하면 수백 년간 자본주의 경제를 지탱하던 금융, 무역 등이 바로 해안지역에 자리 잡은 거대 도시를 통해서 이뤄졌기 때문이다.

당장 해수면 상승으로 뉴욕, 도쿄, 부산, 상하이, 암스테르담, 인천, 함부르크, 홍콩 같은 세계 무역을 좌지우지하는 항구도시들이 물에 잠길 것이다. 당연히 이들 항구에서 전 세계 곳곳으로 실어 나르던 온갖 물품의 교역이 중단될 수밖에 없다. 삼성전자나 애플에서 생산하는 휴대전화 따위야 잠시 교역이 중단되어도 상관없다. 문제는 먹을거리와 에너지다.

기후변화로 세계 곳곳의 식량 생산이 줄어들면, 그나마 피해가 덜한 곡창지대에서 여기저기로 먹을거리를 실어 날라야 한다. 하지만 항구를 잇는 세계 무역이 파괴되면 더 이상 이런 일이 불가능하다. 일찌감치 '식량주권'을 강조하며 먹을거리 자급률을 높이는 데 신경 쓰지 않았던 나라는 전 국민이 굶주림을 면치 못할 것이다(우리나라는 식량자급률이 22퍼센트 수준이다).

더 심각한 문제는 에너지다. 자동차나 비행기를 굴리고,

플라스틱과 합성섬유를 비롯해 일상생활에서 쓰이는 온갖 물건을 만들려면 석유가 필요하다. 하지만 세계 무역이 붕괴되면 일부 지역에서 생산한 석유를 더 이상 옮겨올 수가 없다(물론 석유 고갈 사태를 예상하는 비관론자의 주장을 염두에 두면 기후변화와 자원 고갈이 같이 올 가능성도 있다).

이렇게 석유 공급이 철퇴를 맞으면 '석유 시대'가 말 그대로 종말을 고한다. 이런 사태가 왔을 때 일어날 일을 열거하자면 그것만으로도 책 한 권이 필요할 것이다. 그러니 이 책의 내용을 염두에 두고 몇 가지만 언급하자. 우선 해수면 상승의 피해를 입지 않아 인구가 늘어난 내륙 도시가 직격탄을 맞을 것이다.

자동차가 멈추면 농촌 창고에 쌓인 먹을거리를 도시로 공급할 수가 없다. 농촌 창고에서는 먹을거리가 썩는데, 정작 도시 사람은 먹을거리를 구하지 못해 굶주리는 일이 벌어질 것이다(실제로 1990년대 초반 석유 공급이 끊긴 쿠바에서 이런 일이 있었다). 그나마 나중에는 농촌 창고도 텅텅 빌 것이다. 왜냐하면 식량 생산이 가능하던 일부 지역의 생산성이 급격히 하락할 테니까. 유기농업과 같은 전통적인 농업방식을 버린 세계 대다수 농촌은 석유를 사용하던 농기계가 멈추고, 화학비료나 농약 공급이 끊기면 버틸 도리가 없다.

사실 석유만 문제가 아니다. 온실가스를 배출하는 주범이었던 석탄, 천연가스 등 화석연료의 거래가 중단되면 석탄이나 천연가스에 의존하던 화력발전이 멈출 수밖에 없다. 우라늄 무역도 끊길 테니 원자력발전도 지속하긴 힘들다. 일찌감치 햇빛이나 바람에 의존하는 에너지 전환을 외면했던 지역은 전기 없는 암흑시대를 경험해야 할 것이다.

더 끔찍한 일은 해수면 상승이 또 다른 대재앙을 초래할 것이란 점이다. 우리는 2011년 해일이 덮치면 해안가의 원자력발전소가 어떤 사고를 불러일으킬지 일본 후쿠시마에서 똑똑히 보았다. 해수면이 약 7미터 정도 상승하면 해안가에 위치한 약 430기가 넘는 전 세계 원자력발전소 대부분이 물에 잠긴다.

이건 2가지 면에서 재앙이다. 우리나라나 프랑스처럼 전기의 상당 부분을 원자력발전에 의존해온 나라는 다른 곳보다 훨씬 빨리 전기를 포기해야 할 것이다. 그나마 이것은 다음 재앙에 비하면 약과다. 본격적으로 기후변화가 시작되어 육지 작물의 생산성이 떨어지면 인류는 해양에서 대안을 찾으려 할 것이다. 하지만 원자력발전소와 또 발전소 곳곳에 쌓아둔 플루토늄 같은 방사성 폐기물에서 나온 핵 물질이 전 세계 곳곳의 바다를 오염시키면 이런 인류의 계획은 수포로 돌아갈 가능성이 크다(이미 그전에 산성화가 진행된 바다에서 상당수 생물이 멸종할 것이다. 대기 중의 온실가스를 흡수한 바닷물은 급격히 산성이 되기 때문이다).

이때야 세상 사람은 식량주권("먹을거리 자급률을 높이자!"), 유기농업("화석연료, 합성비료, 화학물질에 의존하는 농업이 아니라 전통의 지혜에 기반을 둔 먹을거리 생산으로 돌아가자!"), 에너지 전환("화석연료가 필요한 화력발전이나 위험한 핵 물질을 내놓는 원자력발전이 아니라 햇빛과 바람 에너지로 바꾸자!") 같은 주장에 귀를 기울이지 않았던 것을 후회할 것이다. 하지만 이미 때는 늦었다.

자유주의·민주주의의 몰락

이 책은 이런 재앙이 도래했을 때, 인류가 어떤 선택을 할지를 놓고서도 흥미로운 통찰을 보여준다. 먼저 주목해봐야 할 것은 미래의 역사학자가 편지를 보내는 곳이다. 이곳은 미래의 북아메리카나 유럽이 아니라 '제2(신공산주의)중화인민공화국'으로 불리는 중국이다.

이런 설정에는 각별한 의미가 담겨 있다. 하나는 기후변화가 인류에게 끔찍한 재앙으로 다가오겠지만, 그것이 곧 인류의 절멸을 뜻하지는 않으리라는 것이다. 우여곡절 끝에 소수의 인류는 살아남을 것이고, 그들은 오늘날과 같은 서양이 지배하는 방식이 아닌 전혀 다른 모습의 문명을 일궈낼 것이다(이 책의 저자들이 많은 영향을 받았다고 고백하는 SF 작가 킴 스탠리 로빈슨은 바로 이런 문제의식을 바탕으로, 중세의 흑사병으로 유럽 문명이 사라지고 나서 세계사가 어떻게 전개될지를 『쌀과 소금의 시대The Years of Rice and Salt』(2002)에서 인상적으로 펼쳐 보인다. 이 소설은 이 매력적인 작가의 작품 가운데 우리나라에서 유일하게 번역된 것이다).

저자는 바로 그렇게 등장한 새로운 문명의 중요한 특징 가운데 하나가 강력한 국가의 권위주의적 통치라고 여긴다. 앞에 붙은 '제2'는 지금의 중국보다 훨씬 더 권위주의주의적인, 어쩌면 마오쩌둥이 통치하던 과거 중국의 모습이 부활할 것이라는 전망을 상징적으로 보여준다. 이런 통찰은 상당히 설득력이 있다.

해안 침수, 대량 이주, 식량 부족, 전염병 유행 등 온갖 끔찍한 재앙이 인류를 덮치기 시작하면 사회 혼란이 극에 달할 것이다. 이 책에서 비중 있게 다루지는 않았으나, 이런 사회 혼란은 대개 2가지 반응을 불러일으킨다. 먼저 그 사회 안에서 희생양을 찾고, 더 나아가서는 밖에서 증오를 투사할 대상을 찾는다.

가장 먼저 희생양이 될 사람은 이런 사태를 야기한 이전 세대가 될 것이다. 상황이 이 지경이 될 때까지 아무것도 하지 않은 노인들을 상대로 끔찍한 증오범죄 혹은 집단학살이 사회에 만연할 것이다. 해안에서 이주한 이들과 내륙의 원주민 사이의 갈등 역시 유혈 사태로 번질 가능성이 크다. 그중 어떤 것은 내전에 육박하는 심각한 갈등으로 나타날 것이다.

이 과정에서 국가 간의 전쟁이 일어날 가능성도 배제할 수 없다. 내부의 넘치는 증오를 밖으로 투사하고자 국경, 종교, 경제, 인종, 역사 등 온갖 해묵은 갈등이 불거질 테고, 그 가운데 몇 나라는 그나마 남아 있는 자원의 상당 부분을 전쟁에 동원할 것이다. 전쟁에 중독된 미국 같은 나라가 그렇게 사라질 가능성이 크다.

이 책의 통찰대로, 이런 대혼란의 시기에 역설적으로 가장 안전한 곳이 어딜까? 그곳은 바로 강력한 리더십에 기반을 둔 권위주의 국가일 가능성이 크다. 1990년대 초반, 구소련이나 동유럽의 사회주의 국가들이 몰락하면서 석유와 같은 자원 공급이 끊기자 대붕괴의 위험에 노출된 쿠바가 그 전형적인 예다. 이곳은 피델 카스트로의 강력한 리더십으로 위기를 극복했다.

여기서 저자와 나 사이에 의견차가 있음을 고백해야겠다. 이 책은 국가의 환경 규제 등에 알레르기 반응을 보이며 '작은 정부'를 강요하는 시장중심 자본주의가 지탱하는 신자유주의 국가를 강력하게 비판한다. 그리고 그런 신자유주의 국가가 기후변화와 같은 재앙을 막지 못했을 때, 역설적으로 중국과 같은 모습의 권위주의적인 '큰 정부'가 득세하리라고 걱정한다.

하지만 식량 부족, 전염병 유행, 내전에 준하는 심각한 사회 갈등 등이 불거질 때 문제가 되는 것은 '시장에 모든 것을 맡기자'는 신자유주의 '작은 국가' 뿐만이 아니다. 공포에 사로잡힌 대중이 뽑은 대표가 권력을 행사하며 국가의 중대사를 결정하는, 서양 문명을 뒷받침하는 대의민주주의 역시 문제가 될 가능성이 크다.

제1차 세계대전 후의 극심한 혼란기에 독일에서 등장한 아돌프 히틀러의 '나치'를 추인한 것은 당시로서는 가장 개방적인 대의민주주의를 내세웠던 바이마르 공화국의 대중(시민)이었다. 당장 21세기 초, 민주주의를 내세운 유럽의 여러 나라에서 민족주의와 인종주의에 기반을 둔 극우 정치 집단이 부상하는 것은 또 어떤가?

이런 점을 염두에 두면, 기후변화와 같은 재앙이 등장했을 때 가장 안전한 국가의 조건은 이런 것이다. 정치적·행정적으로 고도의 훈련을 받은 집단이 존재하고, 그런 집단이 군대나 경찰과 같은 폭력기구를 장악하고 있으며, 더 나아가 시민으로부터 그 리더십의 권위를 인정받는 곳.

(여러가지 한계는 있지만) 현재로서는 이런 조건에 가장 부합한 나라가 바로 중국이다. 그리고 이런 중국의 지식인들이 세계 각국의 급진적 지식인과 함께 서양식 대의민주주의

가 아닌 다른 방식의 정치체제를 고민하고 있다는 것도 기억해 두자. 어쩌면 우리는 지금 이 책의 저자들이 신뢰하는 '서양식 민주주의' 자체를 근본적으로 성찰하고 반성해야 할지 모른다.

과학기술 만능주의의 몰락

이 책에서 흥미로운 대목은 또 있다. 2050년대 지구가 더워지면서 대량 이주, 해충 증가, 식량 부족, 전염병 유행이 일어나자 인류는 그때까지 해온 것처럼 이산화탄소와 같은 온실가스를 줄이고자 과학기술을 동원한다. 햇빛을 가리는 입자를 뿌려서 지구의 기온을 낮추고자 한 것이다.

하지만 지구 기후처럼 복잡한 현상이 저렇게 간단한 처방에 뜻대로 반응할 리가 없다. 예상치 못한 부작용이 생기자, 인류는 불과 10여 년 만에 대기 중에 입자를 뿌리는 시도를 중단한다. 그러자 지구 기온이 급작스럽게 반등하기 시작하면서 지구온난화가 빠른 속도로 진행된다. 결국 북극 지방의 만년설과 영구 동토층이 녹기 시작하자 또 다른 재앙의 씨앗이 모습을 드러낸다.

지금 이 순간에도 많은 과학자는 이산화탄소와 같은 온실가스가 지구를 데우면서 북극 지방의 영구 동토층에 갇혀 있던 메탄이 대기 중으로 흘러나올 가능성을 심각하게 걱정한다. 영구 동토층에 묻혀 있던 과거 생물의 사체가 썩으면서 나오기 시작할 엄청난 양의 메탄은 지구를 데우는 데 있어 이산화탄소와는 비교가 안 될 정도로 효과가 크기 때문이다.

이 책은 이렇게 메탄이 대기 중으로 흘러나오기 시작하면서 지구 표면 온도가 급격히 올라가 결국에는 앞에서 언급한 대붕괴로 이어지리라고 전망한다. 이런 지적은 지금 지구온난화를 연구하는 과학자의 가장 비관적인 시나리오 가운데 하나를 근거에 둔 것으로 상당히 설득력이 있다.

여기서 특별히 강조해야 할 것은 지금과 같은 기후변화를 특정한 과학기술로 해결하려는 관성이다. 지금도 수많은 과학자는 화력발전소 굴뚝에서 나오는 온실가스를 따로 모아서 심해에 저장하는 기술로 지구온난화를 막을 수 있으리라고 생각한다. 그리고 막대한 돈이 바로 이런 기술을 개발하고 활용하는 데 들어간다.

만약 이런 기술이 온실가스 증가를 막지 못하면, 분명히 과학자들은 또 다른 방법을 내놓을 것이다. 이 책에 나오는 햇빛을 가리는 입자를 대기 중에 뿌리는 것 혹은 지구 바깥에 햇빛을 반사하는 인공위성을 쏘아 올리는 것 등 기상천외한 방법이 지금 이 시점에도 중구난방으로 나오는 실정이다.

하지만 이런 과학기술이 모두 간과하는 부분이 바로 불확실성이다. 우리는 이미 카오스 이론과 같은 통찰을 통해서 아주 미세한 초기 조건의 차이가 나중에 엄청나게 다른 결과로 이어질 가능성을 알고 있다. 그러니 저런 해법은 애초 의도했던 지구온난화를 막기는커녕 또 다른 파국적인 결과를 초래할 수도 있다.

그런 점에서 이 책이 인류의 절멸을 막고자 슬쩍 끼워 넣은 결말의 장치도 한 번쯤 다시 생각할 필요가 있다. 이 책은 한 일본인 과학자가 (유전자 조작으로) 만들고 퍼뜨린, 이산화탄소를 훨씬 더 많이 흡수하는 이끼류가 인류의 멸종을 구한 것으로 가정한다. 이 이끼류가 전 세계 육지 표면의 대부분을 덮으면서 대기 중의 이산화탄소 양이 줄어든 것이다.

나로서는 받아들이기 어려운 설정이다. 왜냐하면 이 이끼류가 계속해서 번식하면 결국 지구를 따뜻하게 해주는 이산화탄소가 급격히 줄어들 것이기 때문이다. 너무 과한 온실 효과도 문제지만, 그것을 일으키는 이산화탄소 같은 온실가스가 부족해도 문제다. 자칫하면 영화 〈설국열차〉의 설정처럼 지구를 식히려다 아예 얼리는 또 다른 파국을 낳을 수도 있다.

한 번 더 강조하지만, 더워지는 지구를 과학기술로 식히려는 발상은 그 자체로 성공하기도 어렵거니와 앞에서 언급했듯이 예상치 못한 '나비효과'를 낳으며 또 다른 재앙으로 이어질 가능성이 크다. 결국은 과학기술이 아니라 우리의 각성과 행동만이 이 세상의 파국을 막고, 좀 더 나은 세상으로 바꿀 수 있다.

몰락 이후를 미리보다

사실 이 책에는 앞에서 언급한 것 외에도 토론거리가 한두 가지가 아니다. 비교적 짧은 분량에 이토록 많은 정보와 논쟁적인 토론거리를 담은 저자들의 공력에 혀를 내두를 수밖에 없다. 이미 출판사와 약속한 분량이 넘친 터라서 꼭 짚어야 할 것 3가지만 간단히 언급하고 넘어간다.

이 책에서 '사실fact'로 간주하는 지구온난화가 초래할 기후변화의 전망은 정말로 확실한가? 나 역시 저자들처럼 기후변화를 걱정하는 편이지만, 이런 과학 연구에는 상당한 불확실성이 존재한다. 당장 일주일 뒤 서울시나 한반도의 날씨를 정확히 예측하기도 어려운 상황에서 수십 년, 수백 년 뒤 지구의 기후를 예측하는 것에 어찌 불확실성이 없을 수 있겠는가?

개인적으로 실증주의와 환원주의에 기반을 둔 '증거 기반 과학'을 비판하는 저자들의 주장에 짜릿한 쾌감을 느꼈다. 사실 이 부분에서도 토론거리가 있다. 나는 증거 기반 과학을 비판하는 핵심에 '불확실성'이 놓여 있다고 생각한다. 그런데 정작 저자들은 기후변화 과학을 놓고서는 너무 '확실성'만 강조한다. 확실한 과학만으로 과연 사람들을 설득할 수 있을까?

에너지 전환 과정에서 천연가스가 어떤 역할을 해야 할지를 놓고서도 이 책은 도발적인 문제제기를 한다. 상당수 에너지 전문가는 천연가스가 '석유 시대'에서 '태양 시대'로 넘어가는 데 다리 역할을 하리라고 주장하는데, 이 책은 그런 태도야말로 온실가스를 계속 배출하며 화석연료의 생명만 연장시켜주는 잘못된 정책이라고 비판한다. 나 역시 전적으로 동의한다.

하나씩 다 짚자면 또 다른 책 한 권이 필요할 테니, 나머지는 눈 밝은 독자의 몫으로 남겨 두자. 인류는 자신의 활동으로 지구를 데우고 급기야 기후변화로 인류 문명의 몰락을 걱정해야 하는 상황에 처했다. 앞에서 지적했듯이 앞으로 수십 년간 기후변화는 자원 고갈과 더불어 정치, 경제, 사회, 문화 등 우리 삶의 조건 자체를 근본적으로 바꿀지 모른다.

이런 상황을 인류가 과연 잘 헤쳐갈 수 있을까? 어쩌면 기후변화를 막는 긴박한 실천의 필요성을 역설하는 이 책을 읽는 당신의 선택이 인류의 운명을 바꿀 나비의 작은 날갯짓이 될지도 모르겠다. 당장 이 책을 펼치자. 혼자 읽지 말고 함께 읽고, 토론하고 고민하고 실천하자. "한 사람이 먼저 가고, 걸어가는 사람이 많아지면 그것이 곧 길이 된다."(루쉰)

글머리에 언급한 『에코토피아 뉴스』는 생태주의 낙원을 둘러본 주인공을 과거로 돌려보내며 다음과 같은 당부로 끝

맺는다. 이제 기후 재앙의 디스토피아를 미리 본 우리는 무엇을 할 것인가?

　당신은 우리와 함께일 수 없습니다. 당신은 전적으로 과거의 불행한 시대에 속하므로 우리의 행복조차 당신을 지치게 만들 거예요. …… 돌아가세요. 우리를 보면서 약간의 희망이라도 더했으니 좀 더 행복해 하십시오. 그리고 설령 어떤 고통과 노고가 필요하다고 해도 우정과 평안 그리고 행복의 새로운 시대를 조금씩 건설하고자 분투하면서 살아가십시오.

2015년 11월
강양구(《프레시안》 과학기술 · 환경 담당 기자)*

---

* 연세대학교에서 생물학을 전공했으며 국민대학교 사회학과에서 '생명공학과 사회'의 상호 작용을 주제로 박사 학위 논문을 준비 중이다. 《프레시안》에서 12년간 과학기술 · 환경 담당 기자로 활동하면서 메르스MERS 유행, 황우석 박사 논문 조작, 미국산 쇠고기 광우병 위험, 방사성 폐기물 처리장을 둘러싼 부안 사태, 경부고속철도 천성산 터널 갈등 등 한국 사회를 뒤흔든 과학 및 환경 문제를 공론화하는 데 앞장섰다. 과학기술과 언론, 과학기술과 환경 등 주로 과학기술과 사회의 관계를 깊이 성찰하면서 한국 사회를 바꾸고자 하는 이들의 목소리를 널리 알리는 데에 관심이 많다. '앰네스티언론상(2005)' '녹색언론인상(2006)' 등을 수상했다. 저서로 『세 바퀴로 가는 과학자전거 1, 2』 『아톰의 시대에서 코난의 시대로』 『밥상 혁명』(공저) 등이 있다. 『세 바퀴로 가는 과학자전거』의 일부는 중학교 국어 교과서에도 실렸다.

옮긴이의 말

　　　나오미 오레스케스와 에릭 콘웨이의 『다가올 역사, 서양 문명의 몰락』은 미래 시점에서 우리가 사는 현재를 되돌아보는 역사 분석과 같은 형태를 택해, 인류가 겪은 엄청난 실패(지구온난화로 인한 격변과 재앙)를 종합적으로 분석하며 원인을 파헤치는 책이다. 마치 학술 논문 같은 건조한 문체로 써내려갔지만 객관적 사실을 근거로 들기 때문에 디스토피아 소설 못지않은 생생하고 섬뜩한 메시지를 전한다.

　　　오레스케스와 콘웨이는 『의혹을 팝니다』에서 권력과 자본의 용병이 된 과학자들이 '과학'의 이름으로 선전 선동에 앞장서 담배의 해악부터 지구온난화까지, 자명한 사실에 의혹을 제기해 온 과정을 신랄하게 파헤친 바 있다. 이 책에서도 저자들은 우리 21세기 사람들이 엄청난 파국을 가져올 길인 줄 알면서도 왜 줄줄이 그 길을 따라갈 수밖에 없었는지를 비판적으로 바라보며 주로 인식론적 문제에 주목한다. 그리고 현실 인식을 가로막는 주된 원인으로써 실증주의와 시장근본주의라는 두 이데올로기를 지목한다.

시장에 모든 분배 기능을 맡겨버리는 시장근본주의야 말할 것도 없지만, 저자들이 실증주의가 문제라고 하는 까닭은 95퍼센트 신뢰수준이라는 (다분히 자의적인) 기준, 학문적 엄밀성에 대한 집착 때문에 우리가 지구온난화라는 명백한 경험적 현실에 대해서 상식적으로 대처하지 못한다고 생각하기 때문이다.

구체적 정황에 대해서는 다른 분석이 나오기도 하지만 이들이 어떤 일이 일어나는지 알면서도 멈출 수 없었다는 점에 대해서는 이견이 없다. 사실 가장 놀라운 점은 이들의 지식이 무척 방대했다는 점, 그런데도 지식에 따라 행동할 수 없었다는 점이다. 아는 것이 힘이 되지 않았던 것이다.

저자들은 학문적 관습의 한계와 자본의 논리를 구분해서 설명했지만, 2가지는 사실 구분되지 않는 건지도 모른다. 저자도 아는 것이 힘이 되지 못하는 까닭을 권력과 관련지어서 설명했다.

기후에 대한 지식이 있는 사람의 손에 힘이 있는 게 아니라 화석 연료를 계속 사용함으로써 큰 이익을 얻을 수 있는 정치·경제·사회집단에 힘이 있었다는 점이다.

뿐만 아니라 미셸 푸코가 말하듯이 지식은 권력체제와 순환적 관계를 갖는다. 권력이 지식을 생산하고, 지식이 권력을 확대한다. 지식을 생산하는 시스템도 권력체제의 일부이기 때문이다. '아는 것'은 이미 권력이 결정한 것이기 때문에 아는 것이 힘이 될 수 없는 것이다. 그래서 뼛속까지 침투한 자본주의가 환경뿐 아니라 평등, 정의, 인간의 존엄마저

해치며 모든 영역을 지배하더라도 저항할 수 없다는 무력감이 든다.

이를테면 신문에서 정부가 6월 11일에 2009년 이명박 정부 때 국제사회에 약속한 바를 깨뜨리고 2030년 온실가스 감축 목표안을 낮춰서 발표했다는 뉴스를 읽었다. 재계의 압박에 굴복한 것이라는 논평이 달려 있었다. 공론화 과정을 거칠 것이라고 하는데, 국민들의 "먹고사니즘"에 호소하는, 경제가 무엇보다도 우선이라는 주장을 이길 수 있는 카드는 아직 보지 못했다. 그래서 희망을 가질 수 있을 것 같지가 않다. 효율성과 유용성만을 중요하게 생각하고 이득과 관련이 없는 활동은 모두 '낭비'로 바라보는 신자유주의 사회에서 어떻게 구르는 바퀴를 멈출 수 있겠는가?

그렇지만 푸코조차도 『권력과 지식』에서 "새로운 진리의 정치"를 구성할 수 있다고 했다. 사회, 경제, 문화적 헤게모니에서 벗어나 진리를 생산하는 체제를 변화시킬 수 있다고 하지 않았나. 그러려면 진리의 정치가 어떻게 작동하는지,

권력이 과학의 이름이나 경제적 풍요를 내세워 어떻게 보이지 않으면서도 치밀하게 작용하는지를 비판적으로 파악할 수 있어야 할 것이다. 자본의 논리 바깥에서, 보이지 않고 말할 수 없고 생각할 수 없는 것을 상상하려면, 이 책처럼 시간과 시점을 이동해야만 할지도 모른다. 얇지만 묵직한 이 책이 감히 다른 미래를 상상하는 데 도움이 되었으면 하는 생각이다.

2015년 11월
홍한별

주

1. 반암흑기의 도래, 몰락의 서막

1. http://www.quaternary.stratigraphy.org.uk/workinggroups/anthropocene/ 참고.

2. Ronald Doel, "Constituting the Postwar Earth Sciences: The Military's Influence on the Environmental Sciences in the USA after 1945," *Social Studies of Science* 33(2003): 535~666; Naomi Oreskes, *Science on a Mission: American Oceanography from the Cold War to Climate Change*(Chicago: University of Chicago Press, 출간 예정).

3. Paul Ehrlich, *The Population Bomb*(New York: Ballantine Books, 1968); "Can a Collapse of Global Civilization be Avoided?," Paul R. Ehrich and Anne H. Ehrlich, *Proc. Royal Society B*, 2013 참조.

4. 중국의 인구 조절에 대해 알아보려면 Susan Greenhalgh, *Just One Child: Science and Policy in Deng's China*(Berkeley: University of California Press, 2008)를 보라.

2. 서양 문명(1540~2093)을 끝장낸 화석연료 광기

1. Michael Mann, *The Hockey Stick and the Climate Wars: Dispatches from the Front Lines*(New York: Columbia University Press, 2012).

2. http://www.wired.com/wiredscience/2012/06/bp-scientist-emails/ 참고.

3. Seth Cline, "Sea Level Bill Would Allow North Carolina to Stick Its Head in the Sand," *U.S. News & World Report*, June 1, 2012, http://www.usnews.com/news/articles/2012/06/01/sea-level-bill-would-allow-north-carolina-to-stick-its-head-in-the-sand. 스티븐 콜베어는 콜베어 르포에서 이 법안을 풍자했다(Stephen Colbert, "The Word—Sink or Swim," *The Colbert Report*, June 4, 2012, http://www.colbertnation.com/the-colbert-report-videos/414796/june-04-2012/the-word-sink-or-swim).

4. Government Spending Accountability Act of 2012, 112th Cong., 2012, H.R. 4631, http://oversight.house.gov/wp-content/uploads/2012/06/WALSIL_032_xml.pdf.

5. Kim Stanley Robinson, *Forty Signs of Rain, Fifty Degrees Below, and Sixty Days and Counting*(New York: Spectra Publishers, 2005~2007).

6. Naomi Oreskes, "Seeing Climate Change," *Dario Robleto: Survival Does Not Lie in the Heavens*, ed. Gilbert Vicario(Des Moines, Iowa: Des Moines Art Center, 2011).

7. Clive Hamilton, *Requiem for a Species: Why We Resist the Truth about Climate Change*(Sydney: Allen and Unwin, 2010), http://www.clivehamilton.net.au/cms/[클라이브 해밀턴, 『누가 지구를 죽였는가』(이책, 2013)]; Paul Gilding, *The Great Disruption: Why the*

Climate Crisis Will Bring On the End of Shopping and the Birth of a New World(New York: Bloomsbury Press, 2010)〔폴 길딩, 『대붕괴』(두레, 2014)〕.

8. 2012년 추정치와 자료는 여기에서 볼 수 있다. http://www.columbia.edu/~mhs119/Temperature/T_moreFigs/.

9. David F. Noble, *A World Without Women: The Christian Clerical Culture of Western Science*(New York: Knopf, 1992); Lorraine Daston and Peter L. Galison, *Objectivity*(Cambridge, Mass.: Zone Books, 2007).

10. Naomi Oreskes and Erik M. Conway, *Merchants of Doubt: How a Handful of Scientists Obscured the Truth on Issues from Tobacco to Climate Change*(New York: Bloomsbury, 2010, chap. 5, 157 n.91~92 〔에릭 M. 콘웨이, 나오미 오레스케스, 『의혹을 팝니다』(미지북스, 2012)〕; Aaron M. McCright and Riley E. Dunlap, "Challenging Global Warming as a Social Problem: An Analysis of the Conservative Movement's Counter-claims," *Social Problems* 47(2000): 499~522; Aaron M. McCright and Riley E. Dunlap, "Cool Dudes: The Denial of Climate Change among Conservative White Males in the United States," *Global Environmental Change* 21(2011) 1163~1172.

11. Justin Gillis, "In Poll, Many Link Weather Extremes to Climate Change," *The New York Times*, April 17, 2012, http://www.nytimes.com/2012/04/18/science/earth/americans-link-global-warming-to-extreme-weather-poll-says.html.

12. Tom A. Boden, Gregg Marland, and Robert J. Andres, "Global, Regional, and National Fossil-Fuel CO2 Emissions," Carbon Dioxide Information Analysis Center(Oak Ridge, Tenn.: OakRidge National Laboratory, 2011), http://cdiac.ornl.gov/trends/emis/overview_2008.html.

13. Sarah Collins and Tom Kenworthy, "Energy Industry Fights Chemical Disclosure," Center for American Progress, April 6, 2010, http://www.americanprogress.org/issues/green/news/2010/04/06/76 13/energy-industry-fights-chemical-disclosure/; Jad Mouawad, "Estimate Places Natural Gas Reserves 35% Higher," *The New York Times*, June 17, 2009, http://www.nytimes.com/2009/06/18/business/energy-environment/18gas.html.

14. http://www.eia.gov/naturalgas 참조.

15. Emil D. Attanasi and Richard F. Meyer, "Natural Bitumen and Extra-Heavy Oil," *Survey of Energy Resources*, 22nd ed.(London: World Energy Council, 2010), 123~140.

16. David W. Schindler and John P. Smol, "After Rio, Canada Lost Its Way," *Ottawa Citizen*, June 20, 2012, http://www.ottawacitizen.com/opinion/op-ed/Opinion/6814332/story.html.

17. http://security.blogs.cnn.com/2012/06/08/militarys-plan-for-a-green-future-has-congress-seeing-red/ 참조.

18. "Georgia Power Opposes Senate Solar Power Bill," *The Augusta Chronicle*, February 18, 2012, http://chronicle.augusta.com/ne-

ws/metro/2012-02-18/georgia-power-opposes-senate-solar-power-bill.

19. Arctic Sea Ice Extent, IARC-JAXA Information System(IJIS), accessed October 10, 2013: http://www.ijis.iarc.uaf.edu/en/home/seaice_extent.htm; Arctic Sea Ice News and Analysis, National Snow & Ice Data Center, accessed October 10, 2013: http://nsidc.org/arcticseaicenews/ ; Christine Dell'Amore, "Ten Thousand Walruses Gather on Island As Sea Ice Shrinks," *National Geographic*, October 2, 2013; William M. Connolley, "Sea ice extent in million square kilometers," accessed October 10, 2013: http://en.wikipedia.org/wiki/File:Seaice-1870-part-2009.png.

20. Gerald A. Meehl and Thomas F. Stocker, "Global Climate Projections," *Fourth Assessment Report of the Intergovernmental Panel on Climate Change*, "Climate Change 2007—The Physical Science Basis." February 2, 2007.

21. Clifford Krauss, "Exxon and Russia's Oil Company in Deal for Joint Projects," *The New York Times*, April 16, 2012.

22. 20세기 중반 석탄과 석유 사용 통계를 보려면 미국 에너지 관리청 「국제 에너지 전망 2011*International Energy Outlook 2011*」을 보라 (Washington, D.C.: U.S. Department of Energy, 2011), 139, Figures 110~111, http://205.254.135.7/forecasts/ieo/.

23. 20세기와 21세기 화석연료 산업에 투입된 보조금에 대한 정보는 여기에서 볼 수 있다. http://www.oecd.org/document/57/0,3746,en_

2649_37465_45233017_1_1_1_37465,00.html; John Vidal, "World Bank: Ditch Fossil Fuel Subsidies to Address Climate Change," *The Guardian*, September 21, 2011, http://www.guardian.co.uk/environment/2011/sep/21/world-bank-fossil-fuel-subsidies.

24. "Canada, Out of Kyoto, Must Still Cut Emissions: U.N.," *Reuters*, December 13, 2011, http://www.reuters.com/article/2011/12/13/us-climate-canada-idUSTRE7BC2BW20111213; Adam Vaughan, "What Does Canada's Withdrawal from Kyoto Protocol Mean?" *The Guardian*, December 13, 2011, http://www.theguardian.com/environment/2011/dec/13/canada-withdrawal-kyoto-protocol; James Astill and Paul Brown, "Carbon Dioxide Levels Will Double by 2050, Experts Forecast," *The Guardian*, April 5, 2001, http://www.guardian.co.uk/environment/2001/apr/06/usnews.globalwarming.

25. http://www.epsrc.ac.uk/newsevents/news/2012/Pages/spiceprojectupdate.aspx.

26. Paul Crutzen, "Albedo Enhancement by Stratospheric Sulfur Injections: A Contribution to Resolve a Policy Dilemma?," *Climatic Change* 77(2006): 211~219, http://www.springerlink.com/content/t1vn75m458373h63/fulltext.pdf. 또는 Daniel Bodansky, "May We Engineer the Climate?," *Climatic Change* 33(1996): 309~321. 또는 http://www.handsoffmotherearth.org/hose-experiment/spice-opposition-letter/.

27. Andrew Ross and H. Damon Matthews, "Climate Engineering and

the Risk of Rapid Climate Change," *Environmental Research Letters* 4(4)(2009), http://iopscience.iop.org/1748-9326/4/4/045103/.

28. Ian Allison, et al., *The Copenhagen Diagnosis: Updating the World on the Latest Climate Science*(Sydney: University of New South Wales Climate Change Research Centre, 2009), esp. 21; Jonathan Adams, "Estimates of Total Carbon Storage in Various Important Reservoirs," Oak Ridge National Laboratory, http://www.esd.ornl.gov/projects/qen/carbon2.html.

29. http://www.sciencedaily.com/releases/2012/03/120312-003232.htm을 참조하라. 또는 http://www.pnas.org/content/105/38/14245.

30. Philip Ziegler, *The Black Death*(London: The Folio Society, 1997)〔필립 지글러, 『흑사병』(한길사, 2003)〕.

31. A. Hallam and P. B. Wignall, *Mass Extinctions and their Aftermath*(NY: Oxford University Press, 1997)에서는 서양식 지질학 연대 구분에 따라 5차례 대규모 멸종이 데본기, 오르도비스기, 페름기, 트라이아스기, 백악기말에 일어났다고 한다.

3. 문명 붕괴의 역사적 분석, 시장의 실패

1. Amory Lovins, *Reinventing Fire: Bold Business Solutions for the New Energy Era*(White River Junction, Vt.: Chelsea Green, 2011).

2. Naomi Oreskes and Erik M. Conway, *Merchants of Doubt: How a Handful of Scientists Obscured the Truth on Issues from Tobacco to*

Climate Change(New York: Bloomsbury, 2010).

3. 예로 이 글을 보라. Justin Gillis, "Rising Sea Levels Seen as Threat to Coastal U.S.," *The New York Times*, March 13, 2012, http://www.nytimes.com/2012/03/14/science/earth/study-rising-sea-levels-a-risk-to-coastal-states.html. 길스는 이렇게 말한다. "극소수의 기후 연구자들이 지구온난화에 학계의 의견이 합치되었음에도 이를 의문시하는데, 이들도 해수면이 상승한다는 사실은 부인하지 않는다. 그렇지만 이들은 해수면 상승이 자연적 기후변화에 따른 것이라고 주장한다." 다음에 길스는 기후 연구자가 아니라 경제학자인 마이런 이벨이 한 말을 인용한다. 이벨은 탄소연소 복합체의 강력한 재정 지원을 받고 시장근본주의를 적극 옹호하는 기업경쟁연구소 소속이다. 웹사이트는 http://cei.org/.

4. Richard Somerville, *The Forgiving Air: Understanding Environmental Change*(Washington, DC: American Meteorological Society, 2008); Stephen H. Schneider, *Science as a Contact Sport: Inside the Battle to Save the Earth's Climate*(Washington DC: National Geographic Press, 2009); Gavin Schmidt and Joshua Wolfe, *Climate Change: Picturing the Science*(New York: W. W. Norton, 2009); James Hansen, *Storms of My Grandchildren*(New York: Bloomsbury Press, 2010); Burton Richter, *Beyond Smoke and Mirrors: Climate Change and Energy in the 21st Century*(Cambridge: Cambridge University Press, 2010); Michael Mann, *The Hockey Stick and the Climate Wars: Dispatches from the Front Lines*(New York: Columbia University Press, 2012). 과학자들이 대중매체를 효과적으로 다루지 못하

는 어려움에 대한 분석은 Maxwell T. Boykoff, *Who Speaks for the Climate? Making Sense of Media Reporting on Climate Change*(Cambridge: Cambridge University Press, 2011)를 보라.

5. Richard White, *Railroaded: The Transcontinentals and the Making of Modern America*(New York: W. W. Norton, 2011).

6. 학자들은 19세기 시장도 자유롭지는 않았음을 지적한다. 장하준, 『나쁜 사마리아인*Bad Samaritans: The Myth of Free Trade and the Secret History of Capitalism*』(New York: Bloomsbury, 2008/ 부키, 2007); 장하준, 『그들이 말하지 않는 23가지*23 Things They Don't Tell You about Capitalism*』(New York: Bloomsbury, 2012/ 부키, 2010).

7. Dennis Tao Yang, "China's Agricultural Crisis and Famine of 1959–1961: A Survey and Comparison to Soviet Famines," *Comparative Economic Studies* 50(2008): 1~29.

8. *Capitalism and Freedom*, 한국판은 『자본주의와 자유』(청어람미디어, 2007).

9. George H. W. Bush, "Remarks on Presenting the Presidential Medal of Freedom Awards," November 18, 1991.

10. Naomi Oreskes, "Science, Technology, and Free Enterprise," *Centaurus* 52(2011): 297~310; John Krige, *American Hegemony and the Postwar Reconstruction of Science in Europe*(Cambridge, Mass.: MIT Press, 2006).

11. 예로 이런 책들이 있다. David Joravsky, *The Lysenko Affair*(Chicago: University of Chicago Press, 1986); Nils Roll-Hansen,

The Lysenko Effect(Amherst, N.Y.: Humanity Books, 2004).

12. 20세기와 21세기 화석연료 생산에 지급된 보조금에 대한 자료는 여기에서 볼 수 있다. http://www.oecd.org/document/57/0,3746,en_26-49_37465_45233017_1_1_1_37465,00.html; John Vidal, "World Bank: Ditch Fossil Fuel Subsidies to Address Climate Change," *The Guardian*, September 21, 2011, http://www.guardian.co.uk/environment/2011/sep/21/world-bank-fossil-fuel-subsidies.

13. Friedrich August von Hayek, *The Road to Serfdom, Text and Documents: The Definitive Edition*, ed. Bruce Caldwell(Chicago: University of Chicago Press, 2007), 87(『노예의 길』, 나남출판, 2006).

에필로그: 대붕괴 300년, 인류는 아직도 갈 길이 멀다

1. 21세기로 넘어갈 즈음 해수면 가까운 높이에 분포하던 인구 추정치를 보려면 이 글을 참고하라. Don Hinrichsen, "The Coastal Population Explosion," *The Next 25 Years: Global Issues*, 미국 해양 대기청 해수면 추세 워크숍, 1999를 위해 준비한 자료. http://oceanservice.noaa.gov/websites/retiredsites/natdia_pdf/3hinrichsen.pdf; http://oceanservice.noaa.gov/websites/retiredsites/supp_natl_dialogueretired.html.

저자 인터뷰: 미래에서 바라본 문명의 붕괴와 환경 대재앙이 초래한 역사

1. 패트릭 피츠제럴드 인터뷰. 컬럼비아 대학 출판부에서 출판하는 저널 《사이언시스Sciences》 발행인.

2. http://www.earthmagazine.org/article/denying-sea-level-rise-how-100-centimeters-divided-state-north-carolina.

프랑스어판 서문: 기후변화의 위기, 우리는 무엇을 해야 할까?

1. 기후 책임 연구소Climate Accountability Institute 리처드 히드 그림. 자료 출처 T.A. 보든, G. 말런드, R.J. 앤드리스 2013. "세계, 지역, 국가별 화석연료 이산화탄소 방출", 미국 에너지부 산하 오크리지 국립 연구소 이산화탄소 정보센터. USA doi 10.3334/CDIAC/00001_V2013); http://www.climateaccountability.org.

2. http://upload.wikimedia.org/wikipedia/commons/e/e1/Annual_per_capita_carbon_dioxide_emissions_from_fuel_combustion_between_1990-2009_for_the_Kyoto_Annex_I_and_non-Annex_I_Parties.png.

3. Robine, Jean-Marie; Cheung, Siu Lan K.; Le Roy, Sophie; Van Oyen, Herman; Griffiths, Clare; Michel, Jean-Pierre; Herrmann, François Richard(2008). "2003년 혹서로 유럽 사망자가 7만을 넘다 Death toll exceeded 70,000 in Europe during the summer of 2003." *Comptes Rendus Biologies* 331(2): 171~178. doi:10.1016/j.crvi.2007.12.001. ISSN 1631-0691. PMID 18241810. Retrieved 17 May 2010.

4. 2003년 유럽 폭염이 인재라는 관점에 대해서, Peter A. Stott, D. A. Stone & M. R. Allen. "Letters to Nature", *Nature* 432, 610~614(2 December 2004) doi:10.1038/nature0308.

5. http://www.carbonbrief.org/blog/2014/12/european-summer-heatwaves-ten-times-more-likely-with-climate-change/, E.M. Fischer and R.Knutti, 2015도 참조. 세계적으로 발생하는 폭우와 폭염이 인간의 활동에 의한 것이라는 의견은 Nature Climate Change, http://www.nature.com/nclimate/journal/vaop/ncurrent/full/nclimate2617.html. Fischer와 Knutti는 "오늘날 중간 정도 폭염의 75퍼센트와 중간 정도 폭우의 18퍼센트는 온난화 때문이라고 할 수 있는데, 온난화는 인간 활동에 의한 것일 가능성이 매우 높다"고 한다. 또 이들은 심한 자연재해일수록 인간의 영향이 차지하는 비중이 점점 커진다고 한다. 또한 이런 재해에는 대비가 거의 되어있지 않기 때문에 피해도 가장 혹독하다.

6. Anders Wijkman and Johan Rockstrom, *Bankrupting Nature: Denying our Planetary Boundaries*, Routledge, 2012. ; Herve Kempf, *How the Rich are Destroying the Earth*, http://www.motherjones.com/riff/2008/09/how-rich-are-destroying-earth-smashes-capitalism; Naomi Klein, *This Changes Everything*, Simon and Schuster, 2014도 참조; http://www.neweconomics.org/people/entry/stewart-wallis.

7. http://www.romereports.com/pg157684-pope-francis-prepares-encyclical-on-the-ecology-for-start-of-2015-en; https://www.patriarchate.org/the-green-patriarch도 참조.

8. 앤털이 신자들에게 하는 호소나 기후변화 문제에 대해 느끼는 소명에 대해서는 여기를 참조하라.

http://www.sccucc.org/uploads/Antal_Jim_SCC_2014_Annual_Meeti

ng_Keynote_Notes.pdf.

9. 앤틸은 그답지 않게 가혹해져서는, 기후변화를 부인하는 사람들에게는 150년형을 부과하는 게 정당할 거라고 말한 적이 있다.

10. https://www.whitehouse.gov/the-press-office/2014/11/11/fact-sheet-us-china-joint-announcement-climate-change-and-clean-energy-c.

11. http://www.nytimes.com/aponline/2015/03/07/world/asia/ap-as-china-congress-environment.html?smid=tw-share&_r=0.

12. https://www.youtube.com/watch?v=T6X2uwlQGQM.
http://www.chinafile.com/conversation/why-has-environmental-documentary-gone-viral-chinas-internet.

13. http://www.afr.com/markets/commodities/energy/china-brings-forward-carbon-permits-plan-20140901-jdmov.

14. https://www.youtube.com/watch?v=yuwJVemftag.

15. 잘 알려지지 않은 사실이지만 사실 중국보다 미국에 석탄 매장량이 더 많다. 미국에는 237기가 톤이 매장되어 있다고 추정되며 연간 생산량은 1기가 톤 정도다(현재 추세대로라면 237년 동안 채굴이 가능하다!) 중국에는 115기가 톤이 있다고 하는데 해마다 4.1기가 톤을 생산하므로 28년이면 바닥이 난다. 따라서 현재 생산추세에 비추어 보면 미국이 중국에 비해 햇수로 8배를 지니고 있는 것이다! 2014년 BP 통계자료.
http://www.bp.com/en/global/corporate/about-bp/energy-economics/statistical-review-of-world-energy.html.

16. http://www.huffingtonpost.com/naomi-oreskes/natural-gas-

emissions-climate change_b_5626466.html.

17. 중국 석탄 생산이 2014년 2.1퍼센트 감소했다고 하는데 이게 지속적 추세인지는 아직 분명하지 않다. http://www.theguardian.com/e-nvironment/2015/jan/27/china-coal-production-falls-for-first-time-this-century.

미국 석탄 생산은 1960년대 이래로 꾸준히 증가했으나 2008년 이후 크게 감소했다(그래도 수출량은 늘었다). 전문가들은 불황으로 인한 일시적 현상이 아니라 중요한 장기적 추세라고 본다.

http://www.eia.gov/cfapps/energy_in_brief/role_coal_us.cfm;

http://www.eia.gov/cfapps/energy_in_brief/images/charts/coal_production_consumption_exports-large.jpg.

18. Professor Boqiang Lin, 'How does China's Air Pollution Problem Impact its National Energy Landscape?'

19. http://www.miamiherald.com/news/state/florida/article-13576691.html.

20. http://www.bloomberg.com/news/articles/2015-04-08/for-some-wisconsin-state-workers-climate-change-isn-t-something-you-can-talk-about.

21. http://thehill.com/policy/energy-environment/231540-inhofes-gambit-inside-the-senates-big-climate-vote.

과학적 증거를 받아들이기를 거부하는 공화당의 행태에 대해서는 여기를 참조. http://www.latimes.com/business/hiltzik/la-fi-mh-a-congressional-climate-change-deniers-20150506-

column.html#page=1 ; http://www.newyorker.com/news/daily-comment/gop-war-on-science-gets-worse.

22. http://www.latimes.com/business/hiltzik/la-fi-mh-inside-gop-science-climate-change-20150304-column.html#page=1.

23. http://www.politifact.com/punditfact/statements/2015/feb/16/center-western-priorities/conservation-group-oil-firms-can-lease-federal-lan/.

24. Peter C. Frumhoff, Richard Heede and Naomi Oreskes, 2015. The Climate Responsibilities of Industrial Carbon Producers(출간 예정).

25. http://www.bbc.com/news/world-us-canada-29310475 ; http://mondediplo.com/openpage/everything-s-coming-together-while-everything.

http://www.bloomberg.com/news/articles/2014-01-30/foundations-with-1-8-billion-vow-fossil-fuel-divestment도 참조.

26. http://www.rtcc.org/2014/01/27/world-bank-chief-backs-fossil-fuel-divestment-drive/.

※ 지도에 대하여

이 책에 실린 해수면이 20미터 높아졌을 때의 지도는 오하이오 주립대학 빙하학자 존 H. 머서에게서 힌트를 얻은 것이다. 머서는 1968년 서남극 빙하가 빠른 속도로 해체될 가능성이 있음을 인식하고 자세히 검토하여 1978년에 논문으로 발표했다(John H. Mercer, "West Antarctic Ice Sheet and CO2 Greenhouse Effect: A Threat of Disaster," *Nature* 271:5643(1978): 321~325, DOI:10.1038/271321a0). 최근 위성 관찰에 따르면 머서의 예측이 본인 생각보다도 더 옳았던 것으로 보인다. 서남극과 그린란드 양쪽에서 빠른 속도로 얼음이 사라지고 있다(Andrew Shepherd et.al., "A Reconciled Estimate of Ice-Sheet Mass Balance," *Science* 338(2012):1183, DOI:10.1126/science.1228102). 지도는 캘리포니아 공과대학교 제트 추진 실험실의 셔틀 레이더 지형 미션 자료를 이용해서 그렸다(T. G. Farr et al., "The Shuttle Radar Topography Mission," *Rev. Geophysics* 45(2007), RG2004, DOI:10)

함께 읽으면 좋은 갈라파고스의 책들

『왜 세계의 절반은 굶주리는가?』

유엔 식량특별조사관이 아들에게 들려주는 기아의 진실

장 지글러 지음 | 유영미 옮김 | 우석훈 해제 | 주경복 부록 | 202쪽 | 9,800원

▪ 한국간행물윤리위원회, 책따세 선정도서/ 법정스님, 한비야 추천도서

120억의 인구가 먹고도 남을 만큼의 식량이 생산되고 있다는데 왜 하루에 10만 명이, 5초에 한 명의 어린이가 굶주림으로 죽어가고 있는가? 이런 불합리하고 살인적인 세계질서는 어떠한 사정에서 등장한 것일까? 그 책임은 누구에게 있을까? 학교에서도 언론에서도 아무도 알려주지 않는 기아의 진실! 8년간 유엔 인권위원회 식량특별조사관으로 활동한 장 지글러가 기아의 실태와 그 배후의 원인들을 대화 형식으로 알기 쉽게 조목조목 설명했다.

『성장의 한계』

30주년 기념 개정판

도넬라 H.메도즈, 데니스 L.메도즈, 요르겐 랜더스 지음 | 김병순 옮김 | 485쪽 | 23,000원

▪ 한국간행물윤리위원회 선정도서

1972년, MIT 젊은 과학자 네 명이 연구 끝에 세상에 발표한 '인류의 위기에 관한 프로젝트' 보고서를 바탕으로 엮은 책이다. 가장 최근의 데이터들로 새롭게 무장한 이 책은 브레이크 없는 경제 성장이 지구 환경에 어떤 영향을 미치게 될지 그 원인과 전망을 분석하고, 성장주의의 가공된 신화에서 벗어나 '지속 가능한 미래'의 중요성을 강조한다.

『자유로서의 발전』

아마티아 센 지음 | 김원기 옮김 | 유종일 감수 | 508쪽 | 23,000원

아마티아 센이 평생에 걸쳐 추구한 웅대한 문제의식의 결정판으로서, 민주
주의와 자유의 확장이야말로 진정한 발전의 목표임을 실증적으로 밝혀내
고 있다. 센의 문제의식은 역량의 회복을 통해 대다수 사람들의 삶의 질이
향상되는 균형잡힌 성장에 초점이 맞추어진다. 특히 센의 민주주의를 기반
으로 한 발전관은 개발독재에 신음했던 우리에게도 중요한 시사점을 준다.

『푸코, 바르트, 레비스트로스, 라캉 쉽게 읽기』

교양인을 위한 구조주의 강의

우치다 타츠루 지음 | 이경덕 옮김 | 224쪽 | 12,000원

구조주의란 무엇인가에서 출발해 구조주의의 기원과 역사, 그 내용을 추
적하고, 구조주의의 대표적 인물들을 한자리에 불러 모아 그들 사상의 핵
심을 한눈에 들어오도록 정리한 구조주의에 관한 해설서. 어려운 이론을
쉽게 풀어 쓰는 데 일가견이 있는 저자의 재능이 십분 발휘된 책으로, 구조
주의를 공부하는 사람이나 구조주의에 대해 알고 싶었던 일반 대중 모두
쉽고 재미있게 읽을 수 있는 최고의 구조주의 개론서이다.

『지식의 역사』

과거, 현재, 그리고 미래의 모든 지식을 찾아

찰스 밴 도렌 지음 | 박중서 옮김 | 924쪽 | 35,000원

* 한국간행물윤리위원회 선정도서/ 한국경제, 매일경제, 교보문고 선정 2010년 올해의 책

문명이 시작된 순간부터 오늘날까지 인간이 생각하고, 발명하고, 창조하

고, 고민하고, 완성한 모든 것의 요약으로, 세상의 모든 지식을 담은 책. 인류의 모든 위대한 발견은 물론이거니와, 그것을 탄생시킨 역사적 상황과 각 시대의 세심한 풍경, 다가올 미래 지식의 전망까지도 충실히 담아낸 찰스 밴 도렌의 역작이다.

『물질문명과 자본주의 읽기』

자본주의라는 이름의 히드라 이야기

페르낭 브로델 지음 | 김홍식 옮김 | 204쪽 | 12,000원

역사학의 거장 브로델이 우리가 미처 알지 못했던 자본주의의 맨얼굴과 밑동을 파헤친 역작. 그는 자본주의가 이윤을 따라 변화무쌍하게 움직이는 카멜레온과 히드라 같은 존재임을 밝혀냄으로써, 우리에게 현대 자본주의의 역사를 이해하고 미래를 가늠해볼 수 있는 넓은 지평과 혜안을 제공하였다. 이 책은 그가 심혈을 기울인 '장기지속으로서의 자본주의' 연구의 결정판이었던 『물질문명과 자본주의』의 길잡이판격으로 그의 방대한 연구를 간결하고 수월하게 읽게 해준다.

『현대 중동의 탄생』

데이비드 프롬킨 지음 | 이순호 옮김 | 984쪽 | 43,000원

미국 비평가협회상과 퓰리처상 최종선발작에 빛나는 이 책은 분쟁으로 얼룩진 중동의 그늘, 그 기원을 찾아가는 현대의 고전이다. 종교, 이데올로기, 민족주의, 왕조 간 투쟁이 끊이지 않는 고질적인 분쟁지역이 된 중동이 어떻게 형성되었는지를 명쾌하게 제시해준다. 이 책은 중동을 총체적으로 이해하게 해주는 중동 문제의 바이블로 현대 중동 문제를 이해하기 위한 필독서다.

다가올 역사, 서양 문명의 몰락

300년 후 미래에서 위기에 처한 현대 문명을 바라보다

1판 1쇄 인쇄 2015년 11월 4일

1판 1쇄 발행 2015년 11월 13일

지은이 나오미 오레스케스, 에릭 M. 콘웨이 | 옮긴이 홍한별 | 해제 강양구

기획 임병삼 | 편집 김지환 백진희 | 마케팅 · 홍보 김단희 | 표지 디자인 가필드

펴낸이 김경수 | 펴낸곳 갈라파고스

등록 2002년 10월 29일 제13-2003-147호

주소 121-838 서울시 마포구 토정로 13-1(합정동) 국제빌딩 5층

전화 02-3142-3797 | 전송 02-3142-2408

전자우편 galapagos@chol.com

ISBN 978-89-90809-98-8 03900

이 도서의 국립중앙도서관 출판예정도서목록(CIP)은 서지정보유통지원시스템 홈페이지(http://seoji.nl.go.kr)와 국가자료공동목록시스템(http://www.nl.go.kr/kolisnet)에서 이용하실 수 있습니다.

(CIP 제어번호: CIP2015029043)

갈라파고스 자연과 인간, 인간과 인간의 공존을 희망하며, 함께 읽으면 좋은 책들을 만듭니다.